Aux Éditions Eyrolles

Du même auteur :

La Terre-papier : techniques et création, collection « Le geste et l'outil », 2008

S. Mattison, *Céramique*, collection « Deux livres en un », 1999

N. French, *Céramique : profils et création*, collection « Référence artisan », 2001

C. Constant & S. Ogden, *Céramique : engobes et glaçures*,
collection « Référence artisan », 2001

A. Quinn, *Céramique : design et création*, collection « Atout carré », 2002

P. & C. Faraut, *Modelage de portraits en argile :
anatomie et expressions du visage*, 2010

W.-E. Matthes, *Émaux et glaçures céramiques*, 2ᵉ édition 2010

P. & C. Faraut, *Modelage de portraits en argile, volume 2 :
techniques avancées*, 2011

Avec la collaboration de Caroline de Hugo
Conception graphique : Sarbacane
Adaptation et mise en pages : Chantal Guézet

Toutes les photographies sont la propriété de l'auteur.

À l'occasion de ce troisième tirage, cet ouvrage bénéficie d'une nouvelle couverture.
L'essentiel du texte et des illustrations reste inchangé.

© Groupe Eyrolles, 2006, 2014 pour la nouvelle présentation

ISBN : 978-2-212-13932-7

Le code de la propriété intellectuelle du 1ᵉʳ juillet 1992 interdit expressément la photocopie à usage collectif sans autorisation des ayants droit. Or, cette pratique s'est généralisée notamment dans les établissements d'enseignement, provoquant une baisse brutale des achats de livres, au point que la possibilité même pour les auteurs de créer des œuvres nouvelles et de les faire éditer correctement est aujourd'hui menacée.
En application de la loi du 11 mars 1957, il est interdit de reproduire intégralement ou partiellement le présent ouvrage, sur quelque support que ce soit, sans l'autorisation de l'Éditeur ou du Centre Français d'exploitation du droit de copie, 20, rue des Grands Augustins, 75006 Paris.

Liliane Tardio-Brise

Troisième tirage 2014 avec nouvelle présentation

EYROLLES

SOMMAIRE

Menottes dans la barbotine — 7

L'ARGILE, DE LA TERRE À L'OBJET — 9

Les différents types d'argile — 10
- L'argile dans la nature — 10
- L'argile prête à l'emploi — 14
- L'argile autodurcissante — 15
- La terre-papier — 15

Le matériel de base — 19

Préparer la terre — 22
- La consistance de la terre — 22
- Le pétrissage — 22
- Récupérer les restes — 23
- Préparer la barbotine — 23

Le travail de la terre — 24
- Le modelage dans la masse — 24
- La plaque — 28
- Le colombin — 31
- Le tournage — 34

Le comportement de l'argile — 44
- La conservation de la terre — 44
- Le séchage — 44
- Le retrait — 45
- Les déformations — 46
- Les fissures — 46
- L'éclatement — 46
- Les réparations — 47

La cuisson — 48
- Le cru et le cuit — 48
- Les différents types de cuisson — 51

La décoration — 53
- Les décors sur terre naturelle — 53
- La couleur à froid — 54
- La couleur par la cuisson — 54
- L'émaillage — 58

La sécurité 64
Les principales matières premières toxiques 64
Les émanations du four 65
En résumé 65

Tableaux récapitulatifs 66
Différents types de décoration et de cuisson 66

METTRE LES MAINS À LA PÂTE 69

50 ateliers pour réaliser 50 objets 70
Les informations pratiques 70
La première séance 71
Le déroulement d'une séance 71
Âges et techniques 72
Une séance libre 72
Modeler selon les lieux et les occasions 73

Empreinte de main	75	Tableau en relief	103
Mobile	76	Animaux composés	104
Bougeoir	77	Herbier	106
Puzzle	78	Masque	107
Poisson	79	Bestiaire	108
Décors à l'emporte-pièce	80	Vase	110
Pendentifs	82	Pot-pourri	111
Collier de perles	84	Ravier	112
Tête de lion	85	Pot à cresson	113
Premier tableau	86	Dinosaure	114
Presse-papiers	87	Sac à malices	115
Décor pour végétaux	88	Feuille de chou	116
Bas-relief	89	Pot dragon	117
Cache-pot	90	Boîte	118
Animaux	91	Plats gigognes	119
Bonbonnière	92	Pot bonhomme	120
Porte-crayon	93	Calendrier perpétuel	121
Assiette décorative	94	Maison	122
Cadre pour photo	96	Solitaire	123
Gymnastes	97	Tortue	124
Portrait de famille	98	Vase au colombin	125
Soleil	99	Photophore	126
Cadran solaire	100	Buste	127
Monstre	101	Tirelire	128
Marionnette	102	Vasque sur pied	130

Glossaire 132

Adresses utiles 135

Remerciements 136

MENOTTES DANS LA BARBOTINE

Aux jeunes générations, pour qu'elles gardent un contact avec la terre.

Quoi de plus naturel, de plus essentiel pour la main que de toucher, de malaxer et de donner forme à la terre ?
Créer, se projeter dans la glaise, c'est aussi défier ses limites. L'argile est une matière vivante, imprégnée de la mémoire du temps avec laquelle nous tissons des liens intimes.
Retour aux sources, retour à l'enfance… L'atelier de poterie est le lieu des premières découvertes : les doigts triturent la terre avec une joyeuse frénésie. Les questions fusent très vite :
« C'est quoi cette pâte ? Où la trouve-t-on ? C'est quoi la barbotine ? ».
Comment répondre simplement à ces questions ? Comment guider ces menottes sans les détourner de leur élan originel ?
Comment stimuler les plus réticentes pour les amener à prendre en main, à pétrir et à construire ? Voilà le but de ce livre, fruit de l'expérience d'une dizaine d'années d'échanges avec des enfants que j'ai accueillis dans un atelier de poterie pendant ou après l'école et durant les vacances. Je l'ai conçu comme un guide, qui vous aidera que vous soyez parent, animateur ou même potier néophyte !
La première partie aborde tout ce qu'il faut savoir sur l'argile, en tant que matière première. Vous y trouverez également toutes les techniques de base et les informations sur les outils et pratiques nécessaires au bon déroulement d'un atelier pour enfants.
La seconde comporte 50 ateliers thématiques. Chacun présente un objet plus ou moins facile à réaliser, selon les tranches d'âge de vos petits apprentis. Aborder un thème lors d'un travail en groupe vous permettra de canaliser les énergies et l'enrichissement sera mutuel grâce aux idées apportées par chacun.
Ainsi l'animateur, l'éducateur, l'enseignant, le parent, ayant acquis les quelques connaissances de base indispensables pourra sans souci expliquer par la pratique que l'argile a ses exigences, ses propriétés particulières, qu'il faut connaître et respecter, pour donner ensuite libre cours à son imagination et à sa créativité.

Liliane Tardio-Brise

L'ARGILE,
DE LA TERRE À L'OBJET

Avant de constituer un objet solide, la glaise naturelle doit subir de nombreuses transformations. Elle devient ferme en séchant et durcit définitivement dans un four de potier. D'une grande diversité de couleur et de composition, l'argile s'adapte à de nombreuses techniques de mise en forme et de décoration. À vous d'en acquérir les bases essentielles, avant de les transmettre aux enfants !

LES DIFFÉRENTS TYPES D'ARGILE

L'argile dans la nature

Carrière d'argile.

D'où vient l'argile ?

Sous l'effet des intempéries, de très fines particules sont arrachées aux diverses roches granitiques. L'argile provient de leur lente désagrégation. On la trouve sous forme de couches sédimentaires, présentes un peu partout sur notre planète et le plus souvent éloignées du lieu d'origine. Au cours de son long cheminement dans l'espace et dans le temps, l'argile se charge de matériaux divers comme des oxydes métalliques et des débris de végétaux. Mélangés à la roche primaire, ces derniers contribuent à donner à l'argile sa spécificité, sa couleur, sa plasticité. Ce type d'argile, très répandu, est appelée *argile sédimentaire* ou *secondaire*.

La plus pure des argiles est celle qui n'a pas été déplacée par les intempéries et qui est donc restée sur le lieu où elle s'est formée. On l'appelle *argile primaire*. La plus courante, le kaolin, est la composante de base de la porcelaine.

Lorsqu'un gisement d'argile est important, il est alors exploité en carrière et ce depuis l'Antiquité. Chaque gisement d'argile a son comportement, ses qualités propres qui peuvent, dans une certaine mesure, être modifiées, adaptées et améliorées par un raffinage et l'ajout de matières premières, comme par exemple la bentonite, une argile spécifique qui améliore la plasticité.

On parle parfois de *terre argileuse* pour décrire une terre arable qui contient des taux plus ou moins élevés d'argile. Toutefois, cette terre ne possède pas assez de cohésion pour pouvoir être modelée.

> **Les noms de l'argile**
>
> On l'appelle indifféremment terre à poterie, terre glaise, pâte céramique. En langage courant, on parle tout simplement de terre, de glaise ou de pâte. L'argile se divise en trois grandes familles : la faïence, le grès et la porcelaine.

Faïence, grès ou porcelaine ?

L'argile possède une grande capacité à retenir l'eau, à la restituer et à la réabsorber tant qu'elle n'est pas cuite. Sa malléabilité est due à la structure lamellaire des fines particules d'argile qui glissent les unes sur les autres grâce à la présence d'eau. En séchant, elle se raffermit, se rétracte et casse facilement. Il faut la cuire à plus de 600 °C pour la durcir définitivement.

L'argile est un silicate d'alumine hydraté composé de cristaux différents selon les gisements : la proportion de silice, d'alumine et d'eau chimiquement liée varie. De plus, la présence en faible proportion de divers minéraux contribue à lui donner une composition complexe. Les argiles sont d'une grande diversité quant à leurs propriétés plastiques, leur utilisation et la température de cuisson nécessaire à leur maturation qui assure une bonne solidité au tesson. Cette température de cuisson détermine leur regroupement en trois grandes familles : la faïence, le grès et la porcelaine. Lorsque la température spécifique est dépassée, le tesson se déforme et finit par fondre.

La faïence

La faïence se caractérise par une température de cuisson située entre 900 et 1 100 °C. Elle reste toujours poreuse et prend alors un bel aspect et des teintes chaudes. Comme elle ne vitrifie pas à la cuisson, elle doit être émaillée pour devenir imperméable. La plus courante est la faïence rouge, *terra cotta*, riche en oxydes de fer. C'est la terre cuite de nos pots de fleurs ou de nos tomettes. La faïence noire doit sa couleur aux oxydes de manganèse qu'elle contient. La brune possède des teneurs en oxydes variables. La blanche, elle, n'en contient pas ou très peu.

La faïence.

Le grès

Le grès supporte des cuissons allant de 1 200 à 1 300 °C et subit un début de vitrification. Il devient ainsi imperméable, ingélif et nettement plus résistant que la faïence. De couleurs variées avant cuisson, il prend souvent une teinte crème par la suite. Il peut être émaillé, pour des raisons d'hygiène alimentaire par exemple, ou par choix esthétique. Certains grès gardent une belle teinte brune. Ils conviennent parfaitement pour la réalisation de grandes pièces décoratives, émaillées ou non, pouvant séjourner à l'extérieur.

Le grès.

La porcelaine

Grâce à la présence de kaolin, la porcelaine est une pâte d'une grande pureté et d'une remarquable blancheur. Cuite entre 1 300 et 1 400 °C, elle devient translucide tout en étant dure et non poreuse. Les émaux y développent toute la richesse et l'intensité de leurs couleurs. Fine et très agréable au toucher, elle est peu adaptée pour le modelage, car elle se déforme et se fissure facilement. On l'utilise surtout pour la vaisselle : tournée ou coulée, elle est calibrée pour la fabrication de formes ouvertes comme les assiettes.

Les couleurs de l'argile

La coloration de l'argile crue est due à la présence d'oxydes métalliques et de matières organiques. À la cuisson, l'argile subit de grandes modifications. Certaines substances brûlent ou se transforment. Sa teinte va évoluer en fonction de la température de cuisson (voir tableau page 12). Le type de four ainsi que le combustible ont également une influence sur la teinte de l'objet cuit.

La porcelaine.

Glaise trouvée au détour d'un chemin, entre les racines des arbres.

Où trouver de l'argile ?

L'argile est omniprésente dans la nature. Elle affleure souvent près des cours d'eau. Les effondrements de terrain la mettent parfois à nu. Lors de travaux d'excavation, elle apparaît sous la terre arable entre diverses couches de sédiments, facilement reconnaissable à son aspect fin et compact. Le plus souvent, elle est souple, humide et collante au toucher. Partir en escapade à la recherche d'argile naturelle présente un réel intérêt pédagogique pour les enfants. Vous pourrez leur en faire prélever, puis modeler directement leur trouvaille, malgré les impuretés qu'elle contient. En période de temps sec, un rajout d'eau peut être nécessaire avant de mettre en forme la glaise : si elle s'émiette, vaporisez-la d'eau et malaxez. Un kilo d'argile complètement desséché nécessite un apport d'environ un tiers de litre d'eau, auquel il faut laisser le temps de s'infiltrer par simple contact.

Pour rendre cette argile propre à la cuisson, il faut la préparer en ôtant les petits cailloux et les débris divers qu'elle contient.

> **Remarque**
> La préparation de l'argile nécessite un tamis n° 60 que vous trouverez chez un fournisseur de produits céramiques. Un tamis à farine fin convient tout aussi bien.

❶ Étaler l'argile brute et la mettre à sécher.

❷ Au bout de quelques jours, concasser les blocs séchés à cœur en petits morceaux à l'aide d'un rouleau.

❸ Recouvrir d'eau les morceaux placés dans une bassine et attendre 30 minutes qu'ils se délitent.

❺ Laisser sécher plusieurs jours à l'air libre le mélange ainsi obtenu, jusqu'à ce qu'il reprenne la consistance d'une pâte à modeler. Pour gagner du temps, verser la pâte coulante sur une surface en plâtre (un carreau de plâtre, par exemple) qui va absorber l'humidité.

❹ Touiller à l'aide d'une spatule pour rendre le mélange homogène. Passer la pâte coulante ainsi obtenue à travers un tamis fin. Racler la surface du tamis avec la spatule pour faciliter le tamisage. Jeter les impuretés.

❻ Lorsque la surface de la masse d'argile ternit, essayer de la pétrir. Si la terre est encore trop humide, elle restera collée aux doigts. Si au contraire elle se fendille sur les bords, c'est qu'elle a trop séché. Il faut vaporiser de l'eau sur sa surface afin de l'humidifier.

Comment tester la résistance de l'argile à la cuisson ?

Afin de connaître la température de cuisson adéquate pour une argile ramassée dans la nature et accessoirement sa couleur une fois cuite, il convient de faire un essai à 900 °C.

❶ Installer une planche en bois sur votre plan de travail. Disposer de part et d'autre de celle-ci deux lattes de 3 mm d'épaisseur. Poser 500 g d'argile entre les lattes et étaler au rouleau de manière à obtenir une plaque fine et régulière de même épaisseur.

❷ Découper à l'aide d'un couteau des plaquettes de 4 x 12 cm et les laisser sécher bien à plat entre deux planchettes en bois.

❸ Placer une plaquette dans le four, soutenue à ses extrémités par du matériel réfractaire comme ici des quilles d'enfournement.

Si après cuisson la déformation est importante, la température sera revue à la baisse. Si la plaquette n'a subi aucune altération, vous pouvez faire d'autres essais en augmentant la température par paliers successifs de 50 °C.

Test de déformation d'une plaquette de terre

Plaquette de terre avant cuisson.

Légère déformation : la température de cuisson maximale est atteinte.

Déformation importante : la température de cuisson est trop élevée.

L'argile prête à l'emploi

Pains d'argile prête à l'emploi.

Remarque
Avec un pain de 10 kg d'argile vous pouvez réaliser cinquante petits bougeoirs ou dix vases d'une quinzaine de centimètres de hauteur. Un tel pain revient à 10-15 euros environ.

La terre industrielle est vendue déjà préparée, prête à être utilisée. Elle se présente en pain sous film plastique et se conserve sans limite dans le temps lorsque son emballage est parfaitement hermétique. Les magasins spécialisés de produits céramiques proposent des sacs de terre d'un minimum de 10 kg à la vente. Vous pouvez trouver des sacs de 5 ou 10 kg dans les magasins de loisirs créatifs. La vente à distance (voir Adresses utiles page 135) est quant à elle fort pratique, mais la livraison doit se faire en dehors des périodes de gel pour préserver la cohésion de l'argile. Enfin, si vous avez près de chez vous un potier ou une tuilerie, il est probable qu'ils accepteront de vous céder de l'argile en petite quantité.

Sur les sacs d'argile, une étiquette mentionne la température de cuisson idéale. Lorsqu'une fourchette de température est indiquée, la plus basse doit être atteinte pour un bon durcissement de la masse. La plus haute correspond à la limite au-delà de laquelle l'argile se ramollit et se déforme sous son propre poids. L'argile est qualifiée de *fine* ou *lisse* lorsqu'elle ne contient pas de chamotte. Dans le cas contraire, l'étiquette indique alors la taille de la chamotte.

Parfois le taux de retrait de l'argile est précisé : il varie de 2 à 15 %. Ce taux est lié à la perte en eau au séchage et à la cuisson. Il vous informe sur la diminution de taille d'une réalisation.

Qu'est-ce que la chamotte ?

La chamotte est constituée de petits grains d'argile cuite et broyée. L'indication «chamotte 0-0,5 mm» signifie que les grains sont de taille moyenne, compris entre 0 et 0,5 mm. L'ajout de chamotte dans l'argile offre plus de «tenue» et facilite le modelage. La chamotte diminue aussi le taux de retrait de l'argile et rend le séchage plus uniforme. Les risques de fissures et de déformations en sont réduits d'autant. Le fabricant ajoute entre 20 et 40 % de chamotte à la terre. Les propriétés de la chamotte augmentent avec la taille des grains et leur pourcentage. Une argile contenant 25 % de chamotte à grains de 0 à 0,2 mm est «finement chamottée» : la chamotte est à peine perceptible au toucher et de fines empreintes sont possibles. Une proportion de 40 % de chamotte avec des grains de 0 à 1 mm voire 2 mm, donne une argile «grossièrement chamottée» avec une certaine granulosité qui facilite le montage des pièces de grande taille. L'aspect des poteries est alors plus rustique et les grès deviennent poreux.

La chamotte.

Quelle terre acheter ?

Le choix est varié : vous n'utiliserez pas le même type d'argile pour un pot de fleur, un vase tourné ou un plat allant au four.

Pour la réalisation de pièces destinées à être installées toute l'année à l'extérieur comme des pots de fleurs par exemple, vous préférerez du grès cuit à température élevée qui résiste au gel.

Choix de la terre pour débuter

Pour une première approche de la terre avec des enfants, choisissez une faïence dont la température de cuisson se situe aux alentours de 1 000 °C. Cette terre sera rouge ou blanche et contiendra 25 % de chamotte à grains de 0 à 0,5 mm.

Pour travailler au tour, choisissez plutôt une terre sans chamotte ou à chamotte fine de 0,2 mm. Elle sera plus douce au toucher. En revanche, le modelage de grandes pièces nécessite des grosses chamottes.

Les poteries culinaires destinées au four sont réalisées à partir d'une terre supportant les chocs thermiques forts et répétés, appelée *terre à feu*, que vous achèterez chez les fournisseurs de produits céramiques.

L'argile autodurcissante

L'argile autodurcissante est une argile fine, sans chamotte, à laquelle a été ajouté un produit durcisseur. Plastifiant ou résine naturelle inodore, le durcisseur entre en action lors du séchage et produit un effet analogue à celui d'une cuisson. Les réalisations durcissent et peuvent être manipulées facilement. Mais attention, au contact de l'eau, l'argile autodurcissante se désagrège à nouveau, à moins qu'elle ne soit protégée par un vernis résistant à l'eau. Conservez-la bien à l'abri de l'air, une fois sèche elle ne sera plus utilisable. Une cuisson classique reste, bien entendu, toujours envisageable, avec tous les choix possibles d'applications d'oxydes, d'engobes et d'émaux (voir page 67). Vous trouverez de l'argile autodurcissante blanche ou rouge, mais également colorée, conditionnée en pains de 500 g à 10 kg dans les magasins de loisirs créatifs. Son coût est de deux à cinq fois plus élevé que celui de l'argile traditionnelle (plus le conditionnement est de petite taille, plus le prix au kilo augmente).

Comment l'utiliser ?

L'argile autodurcissante ne nécessite pas de cuisson, mais son utilisation se limite alors à des objets décoratifs. Grâce à sa consistance souple, elle s'étale finement et convient à des réalisations de petite taille. Agréable au toucher et peu salissante, elle est particulièrement adaptée aux jeunes enfants. Elle permet d'aborder le modelage avec une matière naturelle. Évitez d'utiliser l'argile autodurcissante sur une surface absorbante, car elle sèche rapidement ; préférez un plan de travail stratifié ou une nappe plastifiée. Si les bords de votre objet commencent à se fendiller, lissez-les avec les doigts humectés d'eau. Pour réaliser l'assemblage de modelages légers ou de petite taille, il suffit de presser l'une contre l'autre leurs surfaces mouillées. Les jointures d'objets plus grands seront striées au préalable. En outre, grâce à la présence de durcisseur, l'argile conserve une bonne cohésion au séchage, ce qui la rend peu sensible aux fissures. Elle sèche à l'air en un à trois jours selon son épaisseur. La surface compacte peut ensuite recevoir tous les types de peintures, de décors au feutre ou au crayon.
Les réalisations de mobiles, décors à l'emporte-pièce, pendentifs ou perles, décrites dans la seconde partie de cet ouvrage sont particulièrement adaptées à l'argile autodurcissante, tout comme les plaques et modelages de petite taille.

Paquets d'argile autodurcissante.

Cadres réalisés en argile autodurcissante blanche peinte à l'acrylique.

La terre-papier

La terre-papier, appelée également *argile cellulosique* ou encore *paperclay*, est une argile à laquelle on a ajouté des fibres provenant d'une pâte à papier. Ces fibres, très fines et longues de quelques milimètres, sont composées de cellulose. Elles renforcent la structure de l'argile à modeler et de l'argile sèche tout en facilitant les échanges d'air et d'eau.
La terre-papier se modèle avec une grande liberté contrairement à l'argile traditionnelle qui impose de nombreuses contraintes pour éviter la formation de fissures. Assemblez les éléments d'un modelage sans tenir compte de leur degré d'humidité. Humectez toutefois les parties à joindre, puis grattez-les à l'aide d'un couteau et badigeonnez-les de barbotine cellulosique avant de les assembler. Utilisez cette barbotine pour colmater les fissures ou faire des réparations sur une réalisation avec la même argile ne contenant pas de fibres. Travaillez tout en finesse ou en épaisseur, peu importe, puis séchez vos pièces à l'air libre. À l'état sec, les fibres de cellulose assurent une bonne cohésion à la masse. La terre-papier sèche n'est pas friable. Elle peut donc être manipulée et peinte très facilement sans nécessiter de cuisson pour des réalisations décoratives. En cas de cuisson, appliquez la température

indiquée par le fabricant ou celle de l'argile de base utilisée pour la préparation. Veillez à bien ventiler le four jusqu'à 500 °C afin d'éliminer les fumées produites par les fibres qui se consument. Les pièces conservent une porosité et leur résistance diminue lorsque la teneur en papier est forte. L'addition de 2 à 3 % de cellulose (2 à 3 g de papier pour 100 g d'argile sèche) est un bon compromis.

La durée de conservation de la terre-papier est limitée. L'apparition d'odeurs ou de taches est un signe de dégradation de la cellulose. Les terres-papier proposées par les fournisseurs céramiques contiennent un produit conservateur et se gardent quelques mois. Conservez la terre-papier au frais et à l'abri de l'air.

Remarque
Préparez la terre-papier au fur et à mesure de vos besoins. Étalez les restes sur une épaisseur de quelques millimètres et laissez sécher à l'air libre. La terre-papier sèche se conserve indéfiniment. Au moment de la réutiliser, il suffit de la tremper dans l'eau jusqu'à obtenir la consistance voulue.

Comment préparer la terre-papier ?

Vous pouvez utiliser n'importe quelle argile de modelage, chamottée ou non, et la faire sécher coupée en tranches. Si vous utilisez des restes de terre durcis, ils devront être concassés pour sécher à cœur. Les fournisseurs céramiques proposent des argiles en poudre ou encore des barbotines de coulage auxquelles vous ajouterez directement les fibres.

La préparation de la barbotine

❶ *Placer de fines tranches d'argile sur une planche et attendre deux à quatre jours leur séchage complet.*

❷ *Déposer 2,5 kg d'argile concassée et parfaitement sèche dans un seau et ajouter 2,5 l d'eau.*

❸ *Laisser reposer 30 minutes jusqu'à ce que l'argile se désagrège dans l'eau.*

❹ *Mélanger l'ensemble avec une spatule, puis battre avec un fouet de cuisine pour obtenir un mélange onctueux et homogène.*

La préparation des fibres

❶ *Déchirer un rouleau de papier toilette (75 g) dans un seau rempli d'eau chaude.*

❷ *Laisser reposer 10 minutes puis battre à l'aide du fouet.*

❸ *Les fibres du papier se libèrent en une pâte à papier d'aspect « floconneux ».*

❹ *Verser dans une fine passoire de cuisine placée sur une bassine, l'excédent d'eau s'écoule immédiatement.*

Le papier toilette est le papier dont les fibres se séparent le plus facilement. Il se désagrège très rapidement dans l'eau chaude du robinet.

Il vous faudra davantage de temps et d'énergie pour désagréger du papier journal, de bureau ou des emballages d'œufs. Pour cela, déchirez-les en petits morceaux de quelques cm², mélangez-les à de l'eau chaude et laissez tremper une nuit. Égouttez le papier et replongez-le dans l'eau chaude. Vous pouvez alors libérer les fibres à l'aide d'un mélangeur monté sur une perceuse ou d'un mixeur. N'utilisez pas plus d'une centaine de grammes de papier pour un seau d'eau. Évitez les papiers glacés de type magazines ou les papiers d'essuyage qui sont très robustes, ainsi que les papiers fortement encrés.

Mélange de la barbotine et des fibres pour une argile à 3 % de papier

❶ *Incorporer les 75 g de papier défibré et égoutté dans la barbotine faite de 2,5 kg d'argile sèche. Battre au fouet jusqu'à l'obtention d'un mélange homogène.*

❷ *Verser la barbotine cellulosique obtenue sur un carreau de plâtre.*

❸ *L'étaler à l'aide d'une estèque en caoutchouc sur toute la surface du carreau en une couche d'égale épaisseur d'environ 2 cm.*

❹ *Lorsque la surface de l'argile a perdu son aspect brillant (le temps nécessaire dépend du degré d'humidité du plâtre utilisé), décoller le bord de l'argile avec l'estèque. Veiller à ne pas introduire de plâtre dans la masse.*

❺ *Former un rouleau avec la terre-papier. Si elle est collante et adhère à vos doigts, la laisser sécher.*

❻ *Pétrir la terre-papier (voir page 22).*

Quand utiliser de la terre-papier ?

La terre-papier, fibreuse et douce au toucher, se prête à toutes les techniques habituelles de modelage, de décoration et de cuisson. Elle s'accommode de toutes les maladresses, collages mal faits ou manipulations brutales. Vous pouvez l'utiliser pour tous les projets présentés dans ce livre, seuls les décors griffés pourront poser problème car ils font ressortir les fibres.

La terre-papier permet en outre la création de grands objets sur divers supports comme du papier fripé, des ballons gonflables, du carton, du bois, du fil de fer, du grillage... Elle s'applique par petits morceaux aplatis et lissés avec les doigts sur des montages composés de différents éléments scotchés, collés, agrafés, piqués, enfoncés. En cours de travail, il sera parfois nécessaire de raffermir votre pièce près d'une

La barbotine cellulosique

À l'étape 2, vous pouvez mettre de côté une petite quantité de barbotine cellulosique dans un pot hermétique pour les assemblages ou les réparations ultérieures. Cependant les fibres de cellulose présentent un milieu favorable au développement des micro-organismes du fait de la présence d'eau. Étalez et laissez sécher le mélange d'argile et de fibres à l'air libre pour le conserver plus longtemps. Ajoutez de l'eau avant de l'utiliser, la barbotine se reconstitue facilement.

source de chaleur ou au soleil. Grâce aux échanges d'eau rapides, vous pouvez également reprendre un travail sur une base sèche, en veillant à bien la mouiller, puis la gratter et l'enduire de barbotine cellulosique. Cependant les contenants en terre-papier, même émaillés, peuvent poser des problèmes d'étanchéité dus à la porosité du tesson.

La terre-papier remplace avantageusement l'argile autodurcissante car le domaine d'application est plus vaste et le coût réduit. Achetée, son coût dépasse de 50 % celui d'une argile traditionnelle.

Faut-il cuire la terre-papier ?

La terre-papier sèche est compacte et les réalisations décoratives peuvent se passer de cuisson. Elle reste alors réutilisable à tout moment. Vous pouvez y incruster divers objets et matériaux. Lors du séchage, le retrait de l'argile les maintiendra en place, sans pour autant se fissurer. Manipulez vos pièces sèches sans crainte et peignez-les selon vos envies.

Structure composée d'un rouleau de papier essuie-tout, de papier journal froissé et de deux brochettes en bois.

Structure recouverte de terre-papier. L'anis étoilé, les clous de girofle, les cailloux, les bouts d'écorce et de la mousse sont pressés dans l'argile.

Remarque
En présence de fil de fer, la cuisson ne doit pas dépasser 1 000 °C.

Les pièces brutes, sans incrustation ni peinture, peuvent être cuites. Laissez-les sécher complètement, posez ensuite l'émail et procédez à une cuisson unique. Retirez les supports lorsque cela est possible. À la cuisson, la plupart des supports se consument, une bonne ventilation du four et du local est indispensable. Attention, n'employez jamais de polystyrène et de matières plastiques qui dégagent des gaz toxiques lors de la cuisson.

Structure en carton maintenue par du papier adhésif.

Structure recouverte de terre-papier, cuite et peinte à l'acrylique.

LE MATÉRIEL DE BASE

> **Le kit du potier**
>
> Pour environ 10 euros, vous trouverez dans les divers points de vente de l'argile, un kit rassemblant les outils de base permettant de démarrer un atelier : fil à couper l'argile, éponge, ébauchoir, mirette, estèque…

Vos deux mains sont vos outils de base. Ce sont elles qui vont travailler la matière. Néanmoins, pour monter un atelier ou pour une activité régulière, il s'avère pratique de disposer de différents supports, d'acheter quelques outils, de récupérer ou de bricoler une série d'accessoires.

Les surfaces de travail

Une **planche en bois** contreplaqué ou en fibres agglomérées d'environ 40 x 60 cm et de 2 cm d'épaisseur protégera votre plan de travail tout en fournissant une surface absorbante sur laquelle la terre ne collera pas. La planche délimite une zone de travail stable en permettant à la fois d'étaler l'argile en plaques, de la pétrir, de la couper, de modeler, de poser les outils et d'entreposer les modelages. Un morceau de 60 x 60 cm de **tissu épais** comme une toile de jute, ou de matériaux d'emballage comme la mousse de polyéthylène vous servira à étaler les grandes plaques d'argile. Leur manipulation est facilitée car la terre se détache aisément de ces supports flexibles qui n'occupent que peu de place lors du rangement.

Planche en aggloméré.

Mousse de polyéthylène.

Une **plaque de plâtre** vous servira au pétrissage d'une terre trop molle, au raffermissement de plaques ou pendant le tournage. Elle est fort utile pour préparer une argile brute ou de la terre-papier. Le plâtre absorbe l'eau et transforme rapidement la barbotine en une masse à modeler. Prenez grand soin de ne pas abîmer sa surface avec des outils durs et évitez de mélanger des éclats de plâtre à l'argile. Un carreau de plâtre de 50 x 66 cm et de 5 ou 7 cm d'épaisseur utilisé pour monter les cloisons convient parfaitement bien. Vous le trouverez pour quelques euros dans les grandes surfaces de bricolage et chez les fournisseurs de matériaux de construction. À défaut, vous pouvez aussi couler vous-même du plâtre dans un cadre ou un caisson de bois, en ayant soin de bien lisser la surface.

Toile de jute.

Carreau de plâtre.

La coupe

Afin de prélever facilement un morceau de terre sur un pain, les potiers utilisent un **fil à couper** l'argile semblable à celui pour couper le beurre. C'est un fil métallique d'une longueur d'environ 50 cm dont chacune des deux extrémités est fixée sur un morceau de bois. Ce fil métallique peut être remplacé par un fil en nylon d'une section de 0,5 mm au moins, utilisé pour la pêche aux gros poissons, qui sera noué sur des poignées. Une simple ficelle enroulée autour des mains peut remplir le même office.

Pour découper les plaques, un **petit couteau de cuisine** convient parfaitement. Attention à ne jamais le laisser dans les mains des jeunes enfants sans surveillance ou proposez leur un couteau en plastique !

Fils pour couper l'argile.

L'aplatissage et le modelage

Pour travailler les plaques, il est nécessaire de disposer d'un **rouleau de bois** de 10 à 50 cm de longueur, comme un petit rouleau pour pâte à modeler ou un rouleau à pâtisserie en bois brut acheté en grande surface. Le rouleau doit dépasser la largeur de la plaque pour ne pas laisser de marques. Évitez les rouleaux en plastique, la terre y reste collée ! Des **lattes de bois** de 3 et 5 mm d'épaisseur serviront de guides afin d'obtenir des plaques d'épaisseur constante.

Rouleaux et lattes.

L'**ébauchoir**, long d'environ 20 cm, est en bois et ses extrémités sont taillées en formes variées : pointues, plates ou arrondies... Il est droit ou galbé. C'est la prolongation des doigts pour accéder à tous les recoins d'un modelage, pour exercer une pression ponctuelle plus importante ou travailler les détails. Les ébauchoirs se trouvent facilement dans les magasins de loisirs créatifs. Vous pouvez aussi tailler des bâtonnets en bois dur au couteau ou au cutter et varier la forme des extrémités.

Ébauchoirs.

La **tournette** est composée d'un plateau mobile monté sur un axe, et d'un pied fixe. Elle permet de faire tourner un modelage sans avoir à le soulever. D'un coût élevé (une cinquantaine d'euros), vous la trouverez chez les fournisseurs de produits céramiques et parfois dans les points de vente pour loisirs créatifs. Elle est bien pratique pour les travaux de finition et la décoration, mais n'est vraiment nécessaire que pour le montage des pièces au colombin (voir page 31). Chacun devra avoir la sienne.

Tournette.

Le lissage et l'évidage

L'**estèque** est une sorte de palette faite de divers matériaux qui sert à lisser et à racler la terre avant qu'elle ne sèche. Une forme droite permet d'aplanir une surface et une forme arrondie épouse le galbe d'un pot. Au cours d'un modelage, une estèque en métal souple (*2*) permet de racler et d'égaliser une surface en enlevant de l'argile. Une estèque en caoutchouc (*5*) s'adapte avec souplesse à la forme de la surface à travailler et permet de lisser et de polir. Les estèques en bois (*4* et *6*) et en plastique (*1*) sont rigides, elles s'utilisent pour repousser ou enlever de l'argile.

Les fournisseurs de produits céramiques en proposent de toutes sortes. À défaut, des cartes plastifiées (*3*) comme les cartes téléphoniques sont très utiles. Elles peuvent être découpées aux ciseaux à la forme voulue.

Une petite **éponge** courante, végétale ou synthétique, utilisée humide permet à la fois de lisser la surface de l'argile et de compenser les pertes en eau.

Estèques.

La **mirette** est un anneau métallique fixé sur un manche. On l'utilise pour enlever les excédents de terre et évider des poteries pleines. Il en existe de plusieurs formes : arrondies, triangulaires, rondes... plus ou moins longues et larges s'adaptant ainsi à la forme du modelage et à la quantité de terre à enlever. Une mirette à fil rond (*4*) s'utilise pour retirer de petites quantités de terre en finition. Une mirette à fil plat (*1* et *3*) coupe l'argile avec efficacité lors du modelage ou du tournassage (voir page 40). Un fil plat et large (*2* et *5*) est robuste et permet de couper de plus grandes quantités d'argile ou de l'argile raffermie. La mirette peut être remplacée par une cuillère, mais la précision du travail sera moindre.

La mise en forme

Les bols, les assiettes, les plats, les balles, la vaisselle à jeter peuvent tous servir de supports pour la mise en forme. Gardez toujours sous la main du **papier journal** pour bourrer certaines pièces creuses et du carton pour découper des patrons. Pensez aussi à conserver les **tubes de carton** centraux de divers rouleaux comme le papier essuie-tout, aluminium, de toilette, film transparent. Rassemblez des **boîtes cartonnées** vides de tailles variées, du matériel d'emballage, des bouts de bois… afin de constituer une collection de formes diverses où vous pourrez puiser en temps utile.

La conservation

Procurez-vous en jardinerie un **vaporisateur** pour humidifier l'argile et compenser les petites pertes en eau en cours de travail. Rassemblez des **morceaux de tissu** de coton et de vieilles serviettes-éponges à mouiller afin d'envelopper l'argile pour lui permettre d'absorber des quantités d'eau plus importantes. Des **sacs en plastique** serviront à accompagner le séchage et à conserver la glaise.

Les outils de décoration

Pour décorer ou apposer des empreintes sur la terre, il est intéressant d'utiliser des **petits objets variés** : des bouts d'écorce, des morceaux d'ardoise, des clous, des galets, des pailles, des pâtes alimentaires, du riz, des clous de girofle, des végétaux secs… N'hésitez pas à vous constituer une collection !

La cuisine recèle de nombreux ustensiles utiles en poterie : un presse-ail permet d'obtenir des spaghettis d'argile semblables à des cheveux, des emporte-pièces de découper des formes précises. Toutefois réservez-les alors uniquement à cet usage. Rien ne remplace les cure-dents en bois, indispensables pour dessiner, graver, signer et marquer l'argile crue.

Mirettes.

Matériel pour la mise en forme.

Remarque

La préparation d'une argile, le tournage, l'émaillage et la cuisson demandent quant à eux un matériel spécifique qui est évoqué dans les chapitres les concernant.

Ramassés dans la nature.

Matériel de bricolage.

Trouvés en cuisine.

PRÉPARER LA TERRE

La consistance de la terre

L'une des caractéristiques de l'argile est de pouvoir absorber ou restituer de l'eau indéfiniment – 1 kg de terre à modeler contient environ 250 g d'eau. Elle perd rapidement son eau à l'air chaud et sec ou lorsque des mains tièdes la manipulent : les bords du modelage se craquellent. Elle en absorbe tout aussi facilement quand on la vaporise, qu'on la travaille avec les doigts humidifiés ou qu'on la lisse avec une éponge mouillée.

L'argile préparée telle qu'on la trouve en vente convient au modelage dans la masse ou au montage de colombins. Elle est molle, ne reste pas collée aux doigts et ne se fendille pas. La terre de tournage demande à être plus molle : une faible pression du doigt doit y laisser une marque. L'argile achetée doit pour cela absorber de l'eau : enroulez-la durant 24 heures dans un chiffon mouillé puis dans un sac plastique. Une argile un peu ferme, restée au contact de l'air, est idéale pour le montage de plaques.

Il arrive que lors de la réalisation de grandes pièces, la terre s'écrase et se déforme sous son propre poids. Il est alors nécessaire de la laisser sécher légèrement avant de poursuivre le travail. Mais attention à ne pas dépasser la consistance du cuir : la terre est humide, ferme, l'assemblage de grandes plaques ou de pièces de souplesse équivalente est possible, mais changer de forme ne l'est plus. Au-delà, le séchage va s'accompagner d'un retrait de l'ordre de 5 %. La terre va ternir et devenir friable.

Le pétrissage

Le pétrissage rend la terre plus homogène et plus malléable. Correctement exécuté, il élimine les inclusions d'air qui seraient fatales lors de la cuisson. En effet, une poche d'air subit une telle élévation de pression lors de la montée en température qu'elle fait éclater la pièce en mille morceaux.

Les paquets conditionnés sous plastique ont l'avantage d'offrir une terre de bonne consistance et sans aucune bulle d'air. Inutile donc de la pétrir pour réaliser des modelages dans la masse et pour le travail à la plaque. Une terre de tournage doit être quant à elle soigneusement pétrie pour être parfaitement homogène. Les chutes issues de modelages ou d'argile réhumidifiée seront, elles aussi, pétries avant d'être réutilisées.

Le geste de pétrir la terre est très proche de celui qu'effectue le boulanger qui prépare sa pâte à pain. Ces mouvements répétitifs engagent le corps entier. Debout, vous veillerez à placer une jambe devant l'autre afin de basculer le poids du corps vers l'avant au moment d'appuyer avec les paumes. Le pétrissage constitue une bonne mise en condition pour la terre ainsi que pour celui ou celle qui va l'utiliser.

> **À noter**
>
> Le pétrissage, qui demande une certaine force dans les mains, est un peu délicat à réaliser par de jeunes enfants. Il est préférable de leur proposer des boules de terre déjà pétrie. Ils prendront contact avec la matière en lançant plusieurs fois de suite la boule sur le plan de travail. Pour éviter qu'elle ne s'étale complètement, ils devront la projeter sur la tranche de la boule aplatie par le choc. Les enfants raffolent généralement de cet exercice bruyant et très libérateur.

Pétrissage sur une planche en aggloméré

❶ Maintenir la masse d'argile fermement entre ses mains.

❷ Écraser la terre avec les paumes des mains.

❸ Redresser la terre et appuyer à nouveau avec les paumes.

❹ Répéter le geste jusqu'à former un cylindre de terre enroulée.

❺ Bien tasser la terre en évitant d'y inclure de l'air et la faire pivoter de 90°.

❻ Recommencer ainsi une dizaine de fois pour une terre à modeler, une vingtaine de fois pour une terre à tourner qui doit être parfaitement homogène.

Récupérer les restes

Tant que l'argile n'a pas été cuite, elle est réutilisable. La terre affermie, les ratages, les restes d'une séance de travail doivent être pétris et entourés d'un chiffon bien mouillé avant d'être conservés dans un sac plastique. Ils vont ainsi réabsorber de l'eau et retrouver toute leur malléabilité. Si au bout de 24 heures, l'apport d'eau n'est pas suffisant, mouillez à nouveau le chiffon. Lorsqu'une terre est complètement sèche et qu'elle a pris une teinte claire, il est préférable de la concasser, de la couvrir d'eau et d'attendre son absorption. Une fois qu'elle a retrouvé la consistance convenant à son utilisation, pétrissez-la pour lui redonner son homogénéité.

Préparer la barbotine

La barbotine est ce mélange de terre et d'eau qui se forme naturellement quand les doigts mouillés touchent la terre. Lorsqu'elle est épaisse, la barbotine permet de faire des assemblages. Elle sert notamment de liant pour poser des anses ou des décors en relief sur des pots ou des tasses. Striez avec un couteau la surface des deux parties à assembler (les enfants utiliseront une fourchette ou un cure-dents). Enduisez-les ensuite copieusement de barbotine avec un pinceau, puis pressez-les vigoureusement l'une contre l'autre pour les faire adhérer. Vous pouvez préparer cette barbotine à partir d'argile séchée et écrasée à laquelle vous ajouterez de l'eau jusqu'à obtenir une sorte de boue épaisse (5 cl d'eau pour 100 g d'argile). Préparez-la à l'avance et conservez-la dans un pot hermétiquement fermé. Réservez un pinceau usagé pour l'appliquer. Il vous faudra autant de barbotines que de types de terres utilisés.

La barbotine.

Le rajout de fibres de papier disloquées dans une barbotine (10 cl d'eau pour 100 g d'argile sèche et 3 g de papier) renforce ses propriétés d'adhésion. La terre-papier est préparée à partir de la barbotine cellulosique (voir page 16).

LE TRAVAIL DE LA TERRE

Andréa et Chloé apprennent le modelage par ajout.

Lorsqu'on travaille la terre, on oscille constamment entre contrainte et liberté : la contrainte de la matière qu'il faut apprendre à connaître, à respecter pour pouvoir la maîtriser. La liberté, c'est celle qu'offre le pouvoir de créer, d'inventer et de se projeter dans la matière. Activité manuelle par excellence, le modelage demande une coordination entre les doigts, les mains et l'intellect.

Si pour certains, reproduire un volume ou une forme est inné, pour d'autres c'est l'occasion d'apprendre à observer. La terre autorise le droit à l'erreur, tant qu'elle n'est pas cuite, sa mise en forme peut être reprise et modifiée. Car travailler la terre, c'est aussi apprendre la patience. Si certains travaux s'effectuent avec une grande spontanéité, d'autres demandent une réflexion préliminaire quant à leur mise en œuvre et une rigueur dans l'exécution.

Pour une même réalisation, plusieurs techniques sont souvent envisageables. Un vase, par exemple, peut être modelé à la main, monté en plaques, au colombin ou au tour. Le choix se portera sur l'une ou l'autre méthode en fonction des dimensions, du type de terre et de sa consistance, du temps à disposition, des préférences personnelles et des aptitudes de l'enfant.

Le modelage dans la masse

Le modelage, par façonnage dans la masse, est une bonne approche du travail de la terre. Pour les jeunes enfants dont les muscles des doigts sont peu développés, il est préférable d'utiliser une terre assez molle, qui ne colle pas pour autant aux doigts. Elle sera homogène et sans inclusions d'air. Une chamotte de 0,5 mm donne assez de tenue pour des réalisations de taille petite ou moyenne.

Le modelage par pression

Prenez l'argile à pleines mains, pressez-la entre vos doigts et sentez-la réagir : cet exercice est une excellente prise de contact avec la terre. Très rapidement, vous allez établir une relation entre votre force de pression et la déformation qu'elle engendre. La forme apparaît peu à peu, et si au début toute la main modèle, c'est du bout des doigts que se font les finitions.

Modelage d'un canard

❶ Presser un bout de terre à pleines mains.

❷ Dégrossir la forme du canard.

❸ Étirer la terre pour former le bec.

Réalisation d'une forme ouverte ronde

❶ Frapper un morceau d'argile pour le compacter, puis le rouler sur le plan de travail pour en faire une boule tenant dans la main.

❷ Percer la boule en son milieu avec un doigt tout en laissant un fond.

❸ Exercer une pression du pouce vers les autres doigts.

❹ Grâce à un mouvement de rotation constant, ouvrir la forme petit à petit.

❺ Humidifier les bords avec un chiffon (ou une éponge) mouillé si la terre se dessèche et se fendille.

❻ Tapoter avec une spatule le dos de la forme pour corriger les irrégularités.

Les formes obtenues sont d'une grande diversité.

Le modelage par ajout

Le tout jeune enfant appuie ses doigts sur la terre pour y laisser des traces. Prenant de l'assurance, il arrache des morceaux pour ensuite les empiler. Cette manière de faire est spontanée. Composer et faire grandir une pièce en ajoutant de la terre est facile. Les idées jaillissent au contact de la matière, au gré de ses réactions et de ses déformations.

Pour combler un creux ou former une bosse, il est tout à fait possible d'appliquer des petits bouts sur la masse à condition que la terre utilisée soit molle.

Pour assembler deux éléments, veillez à ce que les zones de contact soient plates. Pratiquez des stries profondes avec une fourchette ou un cure-dents. N'hésitez pas à les badigeonner généreusement de barbotine, de même composition que la terre, elle ne laissera pas de traces.

Rajout d'un bouton à un couvercle

❶ Strier les parties à assembler.

❷ Ajouter de la barbotine.

❸ Appuyer fermement.

❹ Rajouter un petit boudin de terre à la base du bouton.

❺ Étaler la terre avec un ébauchoir sur les deux parties.

❻ Le couvercle est terminé.

Le modelage par retrait

C'est une approche plus sculpturale, plus vigoureuse. Vous partez d'un bloc de terre pour en retirer le superflu et ainsi faire surgir la forme. Les doigts et toutes sortes d'outils (voir page 19) peuvent vous servir.

Modelage d'une tête

❶ Pétrir un morceau d'argile et lui donner une forme ovale.

❷ Dégrossir la forme par arrachage de la terre.

❸ Retirer la terre avec précision à l'aide d'outils (mirettes et ébauchoir).

L'évidement

Un volume intérieur peut être créé par évidement. La forme extérieure est alors bien définie et ne doit plus être modifiée. Laissez le modelage quelques heures à l'air libre pour qu'il se raffermisse avant de commencer l'évidement.

Réalisation d'une boîte par évidement

❶ *Enlever le plus gros de la terre à la cuillère.*

❷ *Poursuivre le travail de façon plus précise à la mirette.*

❸ *Terminer le travail en lissant avec les doigts.*

Il est recommandé d'évider une pièce afin d'en faciliter le séchage, lorsqu'elle a plus 4 cm d'épaisseur. Creusez-la avec une mirette pour enlever de l'argile par en dessous (partie non visible).

Si vous voulez conserver la totalité de la paroi, il est alors nécessaire de couper le modelage en deux, de l'évider, de le recoller et de percer un petit trou qui seul sera visible. Ce trou empêche une augmentation excessive de la pression de l'air à l'intérieur de la pièce, qui la ferait éclater lors de la cuisson.

Évider un volume fermé

❶ *Couper la pièce raffermie en deux à l'aide d'un fil à couper l'argile.*

❷ *Évider avec une mirette.*

❸ *Strier les bords à assembler et appliquer de la barbotine.*

❹ *Remettre les deux parties en place et les presser fortement l'une contre l'autre.*

❺ *Rajouter de la terre molle et l'étaler avec les doigts jusqu'à ce que la jointure ne soit plus visible.*

❻ *Perforer la paroi avec un bâtonnet pointu pour éviter un éclatement à la cuisson.*

La plaque

Le procédé de la plaque consiste à étaler la terre pour l'utiliser telle quelle, en la recoupant ou en la mettant en forme. Les petites plaques sont faciles à aplatir, la difficulté augmente avec leur taille. Par assemblage de plaques, il est possible réaliser des compositions plus ou moins complexes. Cette façon de faire est moins spontanée qu'avec les autres techniques, elle demande une réflexion préalable, de l'habileté et de la précision, car les parois se déforment facilement et les soudures doivent être parfaites. Ces travaux seront réservés aux plus grands.

Plaque frappée.

Plaque découpée dans un pain d'argile.

La réalisation des plaques

La terre utilisée ne doit pas être trop molle afin de limiter les déformations et les marques laissées par les doigts. Une chamotte de 0,5 mm vous facilitera le travail.

Si vous désirez obtenir une plaque ronde, frappez de façon régulière la terre roulée en boule. Sinon aplatissez un morceau de terre en tapant dessus avec la paume de vos mains. Tout en frappant, la main pousse la terre et détermine la forme qu'elle va prendre. Les plaques ainsi obtenues sont irrégulières et conviennent pour réaliser, par exemple, un bas-relief.

Une autre façon d'obtenir des plaques consiste à découper un pain de terre en tranches, à l'aide d'un fil à couper l'argile.

Pour obtenir des plaques fines et régulières, servez-vous d'un rouleau en bois brut et sans aspérités. Pour les plus jeunes, les rouleaux doivent être courts, ils sont plus maniables mais ne permettent d'étaler que de petites quantités de terre. Lorsqu'un enfant étale plus de 500 g d'argile, il doit se mettre debout. L'effort musculaire étant important, il s'aide ainsi du poids de son corps.

Étaler une plaque

❶ *Poser une boule de terre pétrie sur une surface en bois ou recouverte de toile de jute ou de coton.*

❷ *Commencer à étaler en tapant l'argile avec le rouleau.*

❸ *Placer des lattes de même épaisseur de part et d'autre de la terre. L'épaisseur finale de la plaque correspondra à celle des lattes.*

❹ *Pousser la terre du milieu vers l'extérieur, dans un sens puis dans l'autre. Déplacer le rouleau perpendiculairement aux lattes. Leur présence évite d'écraser l'argile par inadvertance.*

❺ *En cours de travail, détacher régulièrement la plaque de son support pour qu'elle s'étale ensuite plus facilement.*

❻ *La plaque est terminée lorsque le rouleau touche les lattes et que son passage ne la modifie plus. Couper alors au couteau à la forme voulue.*

Les difficultés

Pourquoi la terre colle-t-elle au rouleau ?
L'argile reste collée sur les rouleaux dont la surface n'est pas absorbante. Utilisez un rouleau en bois non verni et sec. Si la terre continue de coller, c'est qu'elle est trop humide. Laissez-la sécher une heure à l'air libre ou pétrissez-la sur une surface très absorbante comme le plâtre avant de l'étaler à nouveau.

Que faire si la plaque se fendille en l'étalant ?
Une plaque se fendille lorsque l'argile est un peu trop sèche. Lissez les bords avec une éponge mouillée et aidez-vous des doigts pour pousser le bord de l'argile vers la plaque. Poursuivez ensuite votre travail.

Si la plaque se fissure au passage du rouleau, la terre doit être réhumidifiée complètement avant de pouvoir être utilisée. Mettez-la en boule et entourée d'un chiffon mouillé, rangez-la jusqu'au lendemain dans un sac plastique. Vous la pétrirez avant de l'utiliser.

Pourquoi la plaque se déchire-t-elle ?
Une plaque qui reste collée sur le plan de travail se déchire lorsqu'on la soulève. Cela arrive lorsque le plan de travail n'absorbe pas l'humidité (s'il est en stratifié ou en bois verni par exemple) ou quand il est saturé d'eau. L'argile ne doit pas non plus être trop molle.

Comment supprimer les boursouflures ?
Les boursouflures proviennent de bulles d'air emprisonnées dans l'argile. Pour les éviter, l'argile doit être pétrie très soigneusement ou provenir d'un pain neuf. Piquez ces boursouflures avec par exemple un cure-dents, et continuez d'étaler la plaque.

La mise en forme des plaques
Les plaques simples permettent de réaliser des formes plates comme un tableau décoratif ou un dessous-de-plat et des formes très ouvertes comme une assiette ou un ravier. Lissez les contours de la plaque qui vient d'être découpée pour effacer la trace du couteau à l'aide d'une éponge humide, ou affinez-les en les pinçant entre deux doigts. Utilisez ensuite des morceaux de papier froissé pour maintenir la forme que vous donnez à votre plaque jusqu'à son affermissement.

Coupelle mise en forme sur du papier froissé.

Une plaque peut aussi être pressée contre un support inerte comme le polystyrène ou une surface poreuse comme le plâtre. Lorsque vous utilisez des surfaces non poreuses, intercalez du tissu (de préférence extensible), du film plastique alimentaire ou du papier entre le moule et la terre. Dégagez bien les bords qui ne doivent être retenus en aucun point par le moule lors du séchage, au risque de se fissurer. Si vous moulez l'argile en creux, c'est-à-dire à l'intérieur d'un moule, laissez-la en place pour le séchage. Par contre, si vous placez l'argile autour du moule, il faut surveiller le séchage et retirer le modelage dès que l'argile s'affermit en gardant la forme, avant qu'elle ne sèche et ne se rétracte.

Coupelle moulée en creux.

L'assemblage des plaques

Le montage d'une pièce par assemblage de plaques est une technique que vous pouvez appliquer lorsque l'objet que vous voulez réaliser se décompose facilement en formes géométriques simples. Pour les grandes pièces, utilisez de la terre avec une chamotte de 1 mm. Au fil des manipulations, l'argile devra s'affirmer pour éviter les déformations. L'assemblage se fera à consistance du cuir.

Commencez par étaler une grande plaque d'argile. Tracez dessus la base de l'objet avec un outil pointu et découpez-la avec un couteau. Tracez ensuite les contours des parois latérales en reportant la cote d'assemblage avec la base, l'autre cote étant celle de la hauteur de la pièce. Une autre méthode consiste à réaliser un patron avec du papier ou du carton. Dessinez l'objet éclaté en commençant par la base et placez les parois latérales autour du contour, selon la hauteur que vous aurez définie. Découpez séparément chaque élément composant votre pièce et posez-les sur la grande plaque d'argile.

Coupez ensuite les différentes petites plaques d'argile qui composent votre pièce. Si votre travail est précis, il vous faut tenir compte de l'épaisseur des parois dans les dimensions des plaques lorsqu'elles sont coupées à angle droit. Vous pouvez également les couper en biseau. Les différentes plaques doivent avoir la même consistance lors de leur assemblage pour éviter l'apparition de fissures au séchage. Striez soigneusement les jointures puis enduisez-les de barbotine et pressez-les l'une contre l'autre. Le lissage des soudures et le rajout de terre dans les creux renforcent l'ensemble.

Monter un vase à la plaque

❶ *Étaler la terre, disposer les différentes pièces du patron dessus et découper leurs contours au couteau. Laisser les plaques se raffermir.*

❷ *Strier les surfaces qui se toucheront à l'assemblage.*

❸ *Souder un côté après avoir mis de la barbotine sur les zones de contact.*

❹ *Poursuivre l'assemblage.*

❺ *Consolider le creux des jointures avec un petit boudin de terre.*

❻ *Travailler l'extérieur en lissant les coins du bout du doigt tout en maintenant la pièce de l'intérieur afin de pouvoir appuyer vigoureusement.*

Le colombin

La technique du colombin consiste à empiler des boudins de terre pour monter des parois. Cela peut, de prime abord, paraître un peu laborieux, mais cette manière de faire ancestrale permet de réaliser toutes sortes de formes, du plus petit pot au plus grand !
Pour les jeunes enfants, le travail du colombin devient vite lassant, et même pénible car les petits muscles des doigts, peu exercés, sont très sollicités. Par contre, les plus grands vont ainsi développer leur sens de la forme et du toucher. Ils vont être confrontés à la tenue du matériau et apprendre à réaliser de grandes pièces.
Prévoyez une terre contenant une chamotte de 0,5 mm, voire davantage si la réalisation est de grande taille. Elle doit être assez molle afin de pouvoir être assemblée dans la masse et bien pétrie pour être très malléable.

La réalisation d'une forme au colombin

Quand on monte des colombins, la tournette, dont le plateau est mobile grâce à un roulement à billes, facilite beaucoup le travail. Placez une main à l'intérieur du modelage et l'autre à l'extérieur. Vous allez exercer des mouvements répétitifs d'une égale pression sans vous déplacer dans l'espace. À chaque relâchement de la pièce, vos mains donnent l'impulsion qui va la faire tourner. Prévoyez aussi un ébauchoir, utile pour souder les colombins et une estèque pour le lissage des parois.
Vous devrez augmenter l'épaisseur de la base de votre pot et le diamètre des colombins avec la taille des réalisations.

La base

❶ *Poser une petite boule de terre pétrie au centre de la tournette.*

❷ *Aplatir en tapant avec la paume de la main jusqu'à un bon centimètre d'épaisseur : la base adhère à la tournette.*

❸ *Couper le surplus de terre en prenant comme repère les cercles concentriques de la tournette : la base est centrée.*

Le colombin

❹ *Presser un morceau de terre pétrie entre les doigts pour en faire un gros boudin.*

❺ *Rouler le boudin sur lui-même dans un mouvement de va-et-vient en appuyant de façon modérée : il s'allonge progressivement.*

❻ *Veiller à ce que le colombin soit aussi régulier que possible, afin de ne pas créer de différence de niveau dans la paroi du pot.*

Le montage

7 Poser le colombin de même section que la base sur celle-ci en croisant les deux extrémités, et couper à l'endroit du chevauchement. Enlever le surplus.

8 Presser les extrémités l'une contre l'autre et assembler en lissant la jointure avec les doigts.

9 Souder l'extérieur du colombin en écrasant avec le pouce son bombé vers la base.

10 Procéder de la même manière à l'intérieur.

11 Les colombins suivants, plus fins, sont montés de la même façon. La main qui soude doit prendre appui sur l'autre main placée de l'autre côté de la paroi.

12 Après avoir posé quelques colombins, lisser avec les doigts.

13 Lisser ensuite à l'aide d'une estèque en grattant la terre vigoureusement.

14 Presser la paroi avec les deux mains. Elle prend de la tenue et peut ainsi s'allonger ou s'élargir.

15 Pour évaser la forme, placer des colombins de plus en plus longs sur le bord extérieur de la pièce.

16 Pour resserrer la forme, poser des colombins de plus en plus courts vers l'intérieur de la pièce.

17 Tapoter le pot avec une spatule pour corriger les petites déformations.

18 Désolidariser la base du pot de la tournette en passant un fil à couper l'argile entre les deux.

Une réalisation peut toujours être mise en attente, emballée dans un sac plastique. Avant de la recouvrir, protégez le bord supérieur par un film plastique alimentaire ou un chiffon mouillé pour qu'il garde sa consistance. Si toutefois la terre venait à durcir, vaporisez de l'eau sur l'ensemble. Avant de poursuivre votre travail, striez le bord avec une fourchette ou un couteau et enduisez-le de barbotine.

Les difficultés

Que faire si le colombin est aplati ?
Écrasez-le dans sa largeur pour atténuer la déformation. Par la suite, appuyez moins fort en le roulant et inclinez les mains par rapport au plan de travail. Pensez à écarter les doigts au fur et à mesure qu'il grandit en lui faisant accomplir un tour entier dans un sens puis dans l'autre.

Pose de la barbotine avant la poursuite du travail.

Que faire si le colombin n'a pas la même épaisseur partout ?
La pression n'est pas régulière, le colombin est plus épais par endroits. Appuyez sur ces parties pour les affiner et poursuivez le travail.

Que faire si les colombins se craquèlent ?
Un air chaud et sec, des mains chaudes ou une manipulation trop longue, font sécher les colombins. Travaillez avec des mains humides pour compenser les pertes en eau de l'argile ou utilisez une terre plus molle.

Que faire quand un pot s'affaisse ?
Il arrive qu'un pot évasé se déforme : l'argile ploie sous son propre poids. Laissez-la se raffermir à l'air libre pendant environ une heure avant de poursuivre. Protégez cependant le bord supérieur avec du film plastique alimentaire pour qu'il garde sa consistance.

Le pot tourne et le doigt vérifie la régularité.

Comment redresser un pot qui penche d'un côté ?
Il faut le tapoter à l'aide d'une spatule en bois, jusqu'à ce qu'il se rapproche petit à petit de la forme voulue.

Au cours du montage, prenez régulièrement du recul : mettez-vous à hauteur du travail et donnez une impulsion à la tournette : les irrégularités apparaissent. La pointe de votre index posée contre la terre, bras immobile, dévoile la déviation lorsque le pot tourne. Les petites déformations sont ainsi faciles à rectifier.

Bord protégé, le reste du pot se raffermit.

Comment replacer un pot sur la tournette ?
Remettez-le en place sur la tournette en vous guidant grâce aux rainures afin qu'il soit bien centré. Plaquez ensuite trois petits bouts de terre à la base d'une pression des doigts, pour le maintenir en place. Ils s'enlèveront ensuite facilement.

Comment remettre un pot à niveau ?
Placez un couteau au niveau du point le plus bas du bord. Ne bougez plus la main et faites tourner le pot. Dans un premier temps, appuyez à peine pour tracer une marque autour de l'objet, puis appuyez progressivement plus fort jusqu'à percer la paroi et pouvoir enlever le surplus.

Remise en place d'un pot sur une tournette.

Le bord du pot est irrégulier. *Une marque régulière est tracée tout autour du pot.* *Le bord du pot mis à niveau.*

Que faire pour qu'un pot ne s'évase pas ?

Lorsque les doigts d'une de vos mains soudent un colombin à l'intérieur, l'autre main doit entourer et maintenir la paroi extérieure pour compenser la pression exercée sur la terre.

Comment faire lorsque la forme ne se resserre pas ?

Le colombin, plus court que le précédant, est mis en place sur le bord interne. Soudez le colombin à l'extérieur en veillant à ce qu'il garde sa position. Déplacez l'argile du pot vers le colombin. À l'intérieur vous ferez l'inverse.

La polyvalence du colombin

Pot à la fois asymétrique, avec colombins apparents et ouvertures.

La technique du colombin ne se limite pas à la réalisation de formes bien rondes, elles peuvent tout aussi bien être asymétriques. Dans un but décoratif, vous pouvez monter un pot en colombins apparents. Soudez et lissez alors uniquement la partie intérieure de la pièce. Si vous voulez créer des ouvertures dans la paroi de votre pot, mettez en place, par exemple, un long colombin sinueux. Griffez l'argile aux points de contact avec un petit couteau et badigeonnez de barbotine. Pressez vigoureusement en évitant les déformations. Procédez de même avec le colombin suivant.

La technique du colombin est également utilisée pour le montage de formes sculpturales, comme par exemple des bustes : la paroi se forme d'emblée évitant ainsi le travail d'évidement faisant suite à un modelage dans la masse.

Le tournage

Qui n'a pas rêvé, en admirant le geste d'un potier, de faire apparaître une forme et de la modifier presque instantanément du bout des doigts ? Le tournage permet de créer des pièces rondes en exerçant une pression des mains sur de l'argile en rotation continue. Cependant, la maîtrise du tournage demande des années d'expérience.

Le matériel

Longtemps mus par la force d'un pied, les tours, maintenant électriques, atteignent une vitesse de rotation de 300 tours/minute. Un moteur, contrôlé par une pédale d'accélération, met en rotation le plateau, nommé girelle, sur lequel l'argile est mise en forme. Le plus souvent, une sorte de cuvette entoure la girelle. Elle permet de récupérer la barbotine formée par l'excédent d'eau mêlée à la terre. La puissance du moteur et la vitesse de rotation maximale diffèrent selon les modèles de tours. Pour les gauchers, il est utile de pouvoir inverser le sens de rotation.

Le potier utilise un **tour sur pied**. Installé sur un tabouret à hauteur réglable et parfois solidaire du tour, ses jambes se positionnent sur les côtés. Ces tours sont puissants et la hauteur de travail s'adapte facilement à l'utilisateur. Ils sont souvent équipés à la fois d'une pédale et d'un levier permettant de contrôler la vitesse. Vous les trouverez chez les fournisseurs de produits céramiques à partir de 800 euros.

Les modèles de **tours à poser sur la table** sont des articles de loisirs créatifs qui conviennent aux débutants. Moins puissants que les précédents, les premiers prix sont à 500 euros. Il faut veiller à ce qu'ils ne glissent pas sur la table en intercalant de l'antidérapant vendu au mètre, utilisé habituellement dans les tiroirs ou sous les tapis. Prévoyez un siège réglable en hauteur.

Il en va de même pour les **tours de potier pour enfants** qui fonctionnent à piles ou sur secteur par l'intermédiaire d'un transformateur. Peu puissants, ils

---

Le tournage avec les enfants

À partir de 8 ans, les enfants peuvent être initiés au tournage, quel que soit le modèle de tour que vous utilisez. Si l'enfant est de petite taille et que le tour se pose sur la table, veillez à ce que cette dernière ait une hauteur d'environ 60 cm afin qu'il puisse à la fois accéder à la pédale et être assis en hauteur par rapport au tour. Mais sachez qu'il est difficile de dépasser la taille d'un bol : au-delà, il faut de la force dans les mains et les maladresses sont amplifiées.

permettent à l'enfant de s'amuser à la mise en forme d'une boule d'argile en rotation et de réaliser des poteries de petite taille. Ils sont en vente en grandes surfaces et chez les spécialistes du jouet à partir de 30 euros.

Avant de commencer le tournage, il convient de rassembler à portée de main, sur le rebord de votre tour par exemple, le matériel nécessaire. Remplissez d'eau une **petite bassine**, vous y tremperez vos mains dès qu'elles « accrocheront » et ne glisseront plus sur l'argile. Le tournage s'effectue en effet avec des mains mouillées et les excédents d'eau, qui s'accumulent sur le pot ou sur la girelle, seront essuyés à l'aide d'une **éponge végétale**. Vous accéderez au fond du pot avec une petite éponge nouée sur un bâton et enlèverez ainsi l'eau accumulée. Une **estèque** vous permettra de racler le surplus de terre collé à la base du pot et sur la girelle. Au cours du tournage vous risquez de rencontrer diverses difficultés : une bulle d'air dans la paroi, une interrogation quant à l'épaisseur du fond du pot, la partie supérieure à reprendre ou à enlever. Grâce à un **clou piqué dans un bouchon en liège** ou un **bâtonnet en bois pointu**, vous pourrez remédier à ces problèmes. C'est avec une **mirette à fil plat** que vous affinerez la base de votre pièce et effectuerez les travaux de tournassage. Le tournage terminé, le **fil à couper** l'argile désolidarisera votre pièce de la girelle. Prévoyez un **carreau de plâtre** ou à défaut **une planche en bois** pour poser l'argile ramollie par le tournage, vous pourrez la réutiliser après l'avoir pétrie.

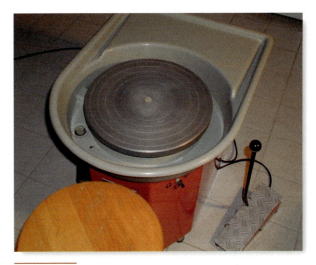

Tour de potier sur pied.

Tour à piles à poser sur la table.

Le matériel du tournage.

Comment procéder ?

Commencez par pétrir longuement 1 kg d'argile bien molle et sans chamotte (ou avec une chamotte fine de 0,2 mm) afin qu'elle soit homogène et sans inclusions d'air. Partagez-la en cinq petites boules de 200 g et placez-les dans un sac plastique, vous serez paré pour enchaîner les tournages ou poursuivre un autre jour. Réalisez d'abord des formes ouvertes et basses. Progressivement, vous augmenterez la quantité d'argile pour tourner de plus grandes pièces. Les formes bombées, plus difficiles encore à obtenir, ne seront abordées qu'après.

Le tournage se décompose toujours en plusieurs étapes : centrer, ouvrir, puis monter la paroi. Les gestes pour chacune d'elles sont très différents. Le tour sera à vitesse maximale lors du centrage, à vitesse moyenne au moment d'ouvrir et à très faible vitesse pour monter la paroi. Vous êtes droitier ? Faites tourner la girelle dans le sens contraire des aiguilles d'une montre. Vos mains travailleront le plus souvent du côté droit. Un gaucher inversera le sens de rotation, intervertira les mains et opèrera vers la gauche.

La position pour tourner

Le tourneur travaille assis et surplombe le tour, ses bras sont placés le long du corps et ses avant-bras à angle droit. Sur les photographies de cet ouvrage, les positions de mains sont celles d'un droitier.

Centrer l'argile

La réussite d'un tournage est basée sur un bon centrage. L'argile doit être répartie de manière parfaite, en un bloc homogène centré sur le tour. Une boule de terre est placée au milieu de la girelle sèche. Le tour démarre à grande vitesse. Les mains sont maintenant mouillées et le resteront tout au long du tournage.

L'argile est centrée lorsqu'elle semble immobile sur la girelle en rotation. Si la boule de terre est petite, les doigts de la main se chevauchent pour l'entourer.

❶ Plaquer la terre au centre de la girelle sèche. Mouiller les mains.

❷ Tour en rotation, appuyer avec la tranche de la main sur la surface de l'argile pour bien la faire adhérer sur la girelle.

❸ Entourer l'argile des deux mains et les rapprocher en exerçant une pression vers le centre.

❹ La terre s'élève.

❺ La faire redescendre avec la tranche de la main légèrement inclinée. Entourer l'argile avec l'autre main.

❻ Répéter les étapes 3 à 5 jusqu'à ce que la terre soit centrée.

Sur un tour à piles, le centrage s'effectue sans faire monter l'argile. Après l'avoir plaquée bien au milieu de la girelle, appuyez avec la tranche de la main pour lisser le dessus. Entourez et enserrez ensuite l'argile des deux mains jusqu'à ce que le pourtour soit lisse et l'argile centrée. La rotation du tour est freinée par la pression exercée par vos mains, mais ne doit pas s'arrêter.

Pourquoi l'argile se détache-t-elle de la girelle ?

La terre pétrie doit être manipulée avec des mains sèches, et plaquée vigoureusement sur la girelle, elle aussi sèche, sinon elle glissera ou se détachera. Vous mouillerez vos mains ensuite, pour tourner.

Comment se fait-il que la terre se vrille ?

Lorsque les mains ne sont pas assez mouillées, elles «accrochent» l'argile en rotation : la terre se vrille et finit par se détacher de la girelle. Pensez à les tremper régulièrement dans la bassine prévue à cet effet.

Pourquoi la base reste-t-elle large ?

Si le centrage n'est pas fait à partir de la base, cette dernière reste en place : les petits doigts (auriculaires) doivent toucher la girelle lorsqu'ils entourent l'argile pour la faire monter.

Que faire si l'argile balance tantôt à droite, tantôt à gauche ?
On dit qu'elle « danse » sur la girelle : elle n'est pas centrée. Répétez l'opération de centrage en bloquant les bras le long du corps. Entourez fermement l'argile sans vous laisser entraîner. Il vous faut maîtriser la terre sans pour autant la brusquer…

Creuser et ouvrir la forme

Il s'agit d'ébaucher le volume intérieur et de définir l'épaisseur de la base de votre pot. Une main travaille, l'autre, posée à l'extérieur, accompagne le mouvement. La vitesse de rotation est moins rapide qu'au centrage.

❶ Enfoncer l'index verticalement au centre de l'argile et s'arrêter à un bon centimètre de la girelle.

❷ Recourber l'index, tout en respectant l'épaisseur du fond, et tirer vers l'extérieur, en souplesse, sans brusquer la terre.

❸ La forme est ouverte.

Comment éviter que l'argile se décentre ?
Pour que l'argile reste bien centrée, il faut travailler doucement, sans geste brusque. Le mouvement centrifuge est juste accentué et les mains sont toujours bien mouillées.
Les deux index peuvent également être recourbés et tirer dans des directions opposées vers l'extérieur.

Que faire si l'index touche la girelle ?
L'index touche la girelle : il n'y a plus de fond, il faut tout reprendre à zéro. Il est possible d'estimer l'épaisseur du fond, tour arrêté, en y enfonçant une pointe fine qui se couvre alors de barbotine.

Monter la paroi

Cette étape du tournage consiste à former la paroi dans son épaisseur et dans sa hauteur. C'est en comprimant la terre à partir du bas tout en remontant, qu'elle s'allonge et s'affine. L'opération est délicate et s'effectue progressivement en plusieurs fois, en douceur et en souplesse. L'allure du tour est réduite.

Première méthode : pincer la terre, à partir de la base, entre le pouce et l'index, et tirer le bourrelet obtenu vers le haut en glissant le long de la paroi.

Seconde méthode : l'index de la main à l'extérieur replié et les trois doigts du milieu de l'autre main posés à l'intérieur, allonger la paroi en la comprimant et en glissant de bas en haut.

La terre est montée.

Pourquoi y a-t-il une boursouflure dans l'argile ?

Lorsqu'une irrégularité apparaît dans la paroi, elle est le plus souvent due à une bulle d'air qui provient du pétrissage. Arrêtez le tour, piquez la boursouflure avec une pointe et poursuivez. Une irrégularité peut également provenir d'un pétrissage trop rapide, la consistance de l'argile n'est pas homogène.

Pourquoi l'argile s'est-elle décentrée ?

À ce stade du tournage, il suffit d'un rien pour décentrer l'argile : un doigt touchant par inadvertance la paroi, un geste trop brusque, un travail trop rapide ou des mains pas suffisamment mouillées. Enserrez la terre avec les deux mains pour la recentrer.

Que faire si la hauteur du pot est inégale ?

Lorsque la paroi cède, le pouce et l'index attrapent la terre coupée et l'enlèvent.

Une hauteur inégale provient d'un mauvais centrage ou d'un décentrage. Pour mettre à niveau le bord, il faut réduire la hauteur du pot. Tour en rotation modérée, percez progressivement la paroi avec une pointe comme celle d'un clou piqué dans un bouchon en liège.

Mise à niveau de la hauteur d'un pot : la paroi glisse entre le pouce et l'index d'une main, une pointe tenue de l'autre main effleure l'argile et coupe peu à peu la paroi.

Comment affiner un bord ?

La paroi est épaisse ou le bord vient d'être coupé : pincez légèrement la terre entre deux doigts, tour en rotation modérée. L'index de l'autre main est posé sur le bord.

Finition d'un bord.

Pourquoi le pot se plie-t-il ?

Lorsque la paroi devient trop fine à un endroit, l'argile ne supporte plus son propre poids et se plie.

Pourquoi le pot s'écroule-t-il ?

À force de centrer et de monter la terre, elle se ramollit et finit par s'écrouler. Trouver la limite des possibilités de l'argile fait également partie de l'apprentissage. Il faut l'accepter, ne pas se décourager et recommencer !

Enlever les excédents

Mettez le tour à vitesse modérée pour pouvoir enlever l'excès d'eau et de terre.
L'eau accumulée dans le fond du pot ralentit le séchage et occasionne des fissures. Il faut l'enlever à l'aide d'une éponge. Si l'ouverture est étroite, l'éponge fixée au bout d'un bâton est introduite bien verticalement pour de ne pas toucher les parois.

L'intérieur du pot est épongé.

L'extérieur du pot est épongé.

La base est nettoyée.

L'éponge placée contre la paroi extérieure permet d'enlever l'excès de barbotine.
La terre accumulée à la base est raclée avec une estèque ou une mirette. Ainsi le pot, moins trapu, est plus facile à séparer du tour. Il n'est alors pas indispensable de tournasser.

La fin du tournage

Arrêtez le tour de manière à pouvoir détacher le pot de la girelle. Pour éviter les déformations, laissez la terre se raffermir sur la girelle avant de la manipuler.

❶ *Mouiller la girelle et passer le fil à couper l'argile, plaqué contre la girelle, sous le pot. Vous tirez ainsi un film d'eau vers vous. Répéter l'opération encore une fois.*

❷ *Les mains lavées et séchées, glisser ensuite doucement le pot vers le bord de la girelle.*

❸ *Le soulever pour le poser sur une planche en bois placée à proximité. Si l'ouverture se déforme, remettez-la en place.*

Enlevez le reste de terre collé sur la girelle avec l'estèque. Épongez et séchez la girelle avant de procéder à un nouveau tournage.

Varier les formes

Comment élargir une forme ?
En montant la paroi, décalez le ou les doigts à l'intérieur vers le haut et poussez doucement vers l'extérieur tout en glissant le long de la paroi.

Comment rétrécir une forme ?
En montant la paroi, décalez légèrement le ou les doigts à l'intérieur vers le bas. Le doigt situé à l'extérieur pousse doucement la terre pour la mettre en forme tout en se déplaçant du bas vers le haut.

Positionnement des doigts

Monter une paroi droite. *Élargir la paroi.* *Rétrécir la paroi.*

Resserrer la paroi.

Comment réaliser un étranglement ?
Les pouces et les index des deux mains face à face entourent la forme et se rapprochent lentement. L'allure du tour doit être modérée.

Comment réaliser un bec ?
Le bec est modelé, tour arrêté, lorsque le tournage est terminé. À l'aide des deux doigts d'une main retenant la terre, l'index de l'autre main forme le bec en lissant doucement l'argile.

Former un bec.

Le tournassage

Tournasser consiste à enlever le surplus de terre à la base d'un pot tourné. Il faut pour cela attendre que l'argile prenne la consistance du cuir, ferme et humide. Le fil plat de la mirette posé contre l'argile en rotation, la coupe et l'enlève sous forme d'épluchures. Une terre trop humide est difficile à tournasser car elle a tendance à recoller sur le pot plutôt que de tomber.

Le tournassage devient décoratif lorsqu'il permet de créer des creux et des reliefs dans une paroi épaisse.

Tournassage simple

❶ Retourner le pot et le poser bien au centre de la girelle sèche et propre. Le maintenir en place avec trois boudins de terre molle.

❷ Mettre le tour en marche, à vitesse modérée. Avec la mirette supprimer le pourtour épais qui maintenait le poids de l'ensemble lors du tournage.

❸ Aplanir la base avec la mirette.

❹ Le pot est tournassé.

Tournassage d'un pied

Pour tournasser un pied, il faut que le fond du pot soit épais.

❶ Poser le pot retourné au milieu de la girelle et le fixer en trois points avec de la terre molle.

❷ Aplanir, puis creuser la partie centrale de la base avec la mirette.

❸ Enlever l'argile sur le pourtour du pot et s'approcher petit à petit de la partie centrale.

❹ Le pot est tournassé avec un petit pied.

Quelques exemples de réalisations

Coupelle

❶ Bien étaler l'argile centrée sur la girelle en appuyant à sa surface avec la tranche de la main.

❷ Creuser, puis ouvrir largement.

❸ Presser le bord entre le pouce et l'index pour l'allonger.

Assiette

① Centrer, puis appuyer sur l'argile avec la tranche de la main pour bien l'étaler.

② Creuser un peu et ouvrir jusqu'à ne laisser qu'un bourrelet.

③ Presser le bord entre le pouce et l'index tout en le tirant vers l'extérieur.

Bougeoir

① Étaler l'argile centrée sur la girelle.

② Exercer une pression avec l'index pour former une rainure et dégager un bord.

③ Creuser le bougeoir en son centre.

④ Monter la partie centrale droite, puis donner le bombé en exerçant à cet endroit une pression vers l'extérieur à l'aide de l'index placé à l'intérieur.

⑤ Monter le bord et terminer en poussant la paroi doucement vers l'extérieur.

Pot évasé

① Centrer l'argile sans trop l'étaler.

② Creuser et ouvrir modérément.

③ Monter tout d'abord une paroi droite et finir par l'élargir en exerçant une pression plus forte de l'intérieur tout en montant.

Bol

❶ *Centrer l'argile en une forme compacte.*

❷ *Creuser en laissant un fond épais et ouvrir tout en donnant au fond une forme incurvée.*

❸ *Monter le bol tout en l'évasant et terminer en marquant le ventre par une pression exercée de l'intérieur vers l'extérieur.*

Vase bombé

❶ *Centrer l'argile.*

❷ *Creuser, puis ouvrir modérément. Monter d'abord en resserrant l'ouverture : la pression exercée est plus forte de l'extérieur.*

❸ *Continuer de monter en donnant le bombé : exercer une pression vers l'extérieur dans la partie basse, puis inverser la pression à mi-parcours dans un geste continu.*

Vase ventru

❶ *Centrer l'argile.*

❷ *Creuser et ouvrir modérément.*

❸ *Monter une paroi droite de bonne épaisseur.*

❹ *Poursuivre en resserrant l'ouverture par pression vers l'intérieur.*

❺ *Continuer de monter en mettant en place le bombé au tiers de la hauteur.*

❻ *Accentuer le bombé et évaser le bord : les mains glissent sur la paroi tout en exerçant une pression vers l'extérieur, puis vers l'intérieur, puis encore vers l'extérieur.*

Tasse

❶ Centrer l'argile en veillant à ne pas l'étaler.

❷ Creuser et ouvrir en laissant une bonne épaisseur de terre.

❸ Monter une paroi droite. Stopper le tour et laisser la tasse se raffermir quelques heures.

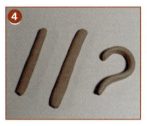
❹ Modeler un petit boudin de terre, l'aplatir par pression des doigts et le mettre en forme.

❺ Le corps de la tasse et l'anse doivent être à consistance analogue pour l'assemblage, de préférence ferme.

❻ Strier les points de contact à l'aide d'un cure-dents.

❼ Badigeonner les stries de barbotine.

❽ Assembler les deux parties en pressant vigoureusement.

❾ Pour finaliser l'assemblage, rajouter de la terre molle sur les jointures et lisser.

Premières pièces

Les exemples illustrant les techniques de base du tournage constitueront vos premières réalisations. Laissez vos pièces se raffermir à l'air libre sur le tour ou sur une planche en bois. À consistance du cuir, vous pouvez les tournasser ou poursuivre le séchage en les couvrant d'un sac plastique.

LE COMPORTEMENT DE L'ARGILE

La conservation de la terre

Les sacs de terre crue se conservent indéfiniment à l'abri de l'air, de la chaleur et du gel. La formation éventuelle de taches et d'odeurs désagréables n'altèrent en aucun cas les qualités plastiques de l'argile. Elles sont dues au développement de micro-organismes propre à tout milieu humide et disparaissent à la cuisson. Si l'argile vient à durcir, il suffit de l'humidifier à nouveau. Grand avantage, un atelier peut être arrêté à tout moment pour être poursuivi un autre jour.

Évitez toutefois qu'un travail en cours ne sèche : avant de le ranger, vous pouvez le vaporiser pour compenser ses pertes en eau. Emballez-le ensuite dans un sac plastique et placez-le dans un endroit frais ou, à défaut, enveloppez-le dans un second sac plastique. Pensez à refermer soigneusement l'emballage de vos pains de terre entamés pour bien les conserver. Placez-les dans une boîte hermétique ou enveloppez-les d'un plastique épais.

Vaporisez uniformément la terre à 10 cm de distance environ.

Emballez un travail en cours dans un sac plastique pour limiter les pertes en eau.

Le séchage

Un bon séchage est indispensable pour éviter aux pièces terminées de se déformer, se fissurer ou éclater à la cuisson.

Les précautions et la durée de séchage augmentent avec la taille des réalisations et lorsque les parois sont épaisses ou inégales. La règle d'or est la suivante : un séchage doit être lent, régulier et uniforme, éloigné de toute source de chaleur. Le support idéal pour le séchage est le bois. Des sacs plastiques servent à moduler la circulation d'air, qui doit être faible au départ.

Lorsque les parois d'une pièce mesurent 1 à 2 cm d'épaisseur, elles sèchent en une dizaine de jours. Il faut poser dessus un plastique pendant une semaine pour ralentir et réguler l'évaporation, puis les laisser sécher quelques jours à l'air libre. Par contre, lorsque les parois ont plusieurs centimètres d'épaisseur ou que les objets sont pleins, le séchage sera graduel et bien plus long : les pièces seront d'abord totalement couvertes de plastique, puis partiellement couvertes afin d'augmenter progressivement la circulation d'air, et enfin laissées à l'air libre. Comptez un bon mois pour un tel séchage. Les modelages de petite taille, comme les perles, sèchent directement à l'air libre en quelques jours.

Début de séchage.

Séchage final.

À noter

Une poterie est sèche quand sa couleur s'est éclaircie et qu'elle ne procure aucune sensation de froid au toucher.

Comment faciliter le séchage d'une pièce épaisse ?

L'évidage à la mirette.

Les canaux de circulation d'air dans l'assise.

Retournez le modelage pour intervenir sur une partie qui ne sera pas apparente. Une première solution consiste à l'évider, c'est-à-dire à le creuser afin de réduire l'épaisseur des parois. La seconde consiste à la percer à l'aide d'une aiguille à tricoter ou d'un bâtonnet afin de créer dans l'épaisseur des canaux de circulation d'air.

Le retrait

En séchant, l'argile restitue de l'eau et se rétracte. Cette eau représente environ le quart de son poids. Le retrait est de l'ordre de 0,5 cm pour 10 cm. Cette propriété, inhérente à la matière, explique bien des problèmes apparaissant lors du séchage. L'eau doit pouvoir s'évaporer progressivement afin que le taux d'humidité soit réparti uniformément sans créer de tensions. L'argile ne doit pas coller au support ou être retenue lorsqu'elle se rétracte.

Lors de la cuisson, un second retrait a lieu, de même importance que pendant le séchage. Il est dû à la modification de la structure de la matière. La perte totale est donc habituellement de 10 %.

Test de retrait

Une plaquette de terre crue de 10 cm de longueur rétrécit au séchage et à la cuisson. Vous pouvez faire ce test lorsque vous préparez une argile brute ou lorsque le fabricant n'indique pas le taux de retrait de l'argile. Plus le taux de retrait est élevé, plus le séchage devra être soigné !

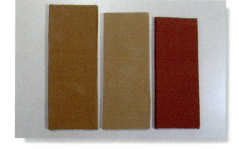

De gauche à droite : argile crue (10 cm), sèche (9,5 cm), cuite (9 cm).

Les déformations

Une pièce de terre humide a de la cohésion, sèche elle n'en a plus : elle est tassée et cassante. Si elle n'a pas séché uniformément, mais par exemple trop rapidement par les extrémités ou par un seul côté, la tension ainsi créée provoque des déformations, voire des fissures. La présence de chamotte dans la terre, si elle réduit ce risque, ne l'élimine pas entièrement. Les plaques de terre nécessitent des précautions particulières pour éviter qu'elles ne se déforment en séchant.

Séchage d'une plaque en trois étapes

❶ Placer délicatement la plaque à sécher entre deux planches d'aggloméré et recouvrir le tout d'une feuille de plastique pour ralentir le séchage des bords.

❷ Retirer le plastique au bout de deux jours. Enlever la planche du dessus et déplacer la plaque en la poussant de quelques centimètres pour vérifier qu'elle ne colle pas à son support. La remettre en place entre les deux planches.

❸ Au bout d'une semaine, enlever la planche supérieure : la plaque s'est affermie et finira de sécher à l'air libre en quelques jours.

Lors de la cuisson, les fines parois de formes très évasées sont sujettes aux déformations. Réduisez alors la température de cuisson ou travaillez davantage en épaisseur. L'affaissement d'une pièce est dû à une température de cuisson trop élevée.

Les fissures

Fissure due au séchage.

Des fissures apparaissent généralement pendant un séchage trop rapide, sur une pièce composite aux épaisseurs inégales. Elles surviennent aussi lorsqu'on a assemblé des terres de consistances différentes.

L'argile freinée dans son retrait se fissure. Lorsqu'on l'applique sur une forme rigide pour qu'elle l'épouse, il est indispensable de retirer cette dernière dès que le modelage s'est affermi, avant le séchage complet. Si la terre adhère à son support en séchant, la fissure est inévitable.

Certaines fissures n'apparaissent qu'après le passage au four. Elles proviennent de tensions préexistantes, mises à rude épreuve par la cuisson, causées le plus souvent par un séchage irrégulier. Elles peuvent également provenir d'une chauffe ou d'un refroidissement trop rapide dans le four. Ne déformez pas non plus à chaud, une pièce émaillée peut encore se fissurer car la dilatation de l'argile et celle de l'émail sont différentes et créent entre elles des tensions lors du refroidissement.

L'éclatement

L'éclatement d'une poterie à la cuisson est toujours très désagréable pour le potier, d'autant qu'elle peut abîmer d'autres pièces ainsi que le four. Les causes en sont multiples, comme par exemple une inclusion d'air créée dans la pièce par un mauvais pétrissage.

Un modelage formant un volume creux fermé éclatera si un trou, même petit, ne permet pas l'évacuation de la pression de l'air lors de la chauffe.

Ce sont souvent les pièces épaisses ou pleines ayant séché insuffisamment ou trop rapidement qui éclatent. De l'eau est alors restée emprisonnée en leur cœur et provoque l'éclatement lors de la cuisson. Il est donc impératif de bien surveiller le séchage et d'être patient.
Lors d'une cuisson de biscuit (voir page 51), lorsque la montée en température du four est très rapide dans la première phase de la cuisson, le choc thermique peut briser les pièces.

Résultat d'un éclatement lors de la cuisson.

Les réparations

Il est toujours possible de remettre en place deux parties cassées avant cuisson, grâce à l'application de barbotine (voir page 23). Une barbotine contenant des fibres de cellulose consolidera encore mieux les réparations d'un modelage réalisé dans la même terre. La manière de procéder reste la même qu'avec la barbotine simple.

Réparation avant cuisson

❶ *Résultat d'un petit choc.*

❷ *Ramollir les surfaces cassées pendant 5 à 10 minutes avec un chiffon gorgé d'eau.*

❸ *Strier la terre ramollie à l'aide d'un cure-dents.*

❹ *Enduire au pinceau les deux parties avec de la barbotine.*

❺ *Replacer le morceau cassé en appuyant fortement.*

❻ *Renforcer la jointure avec un peu de terre molle et étaler soigneusement avec un ébauchoir.*

Après cuisson, il est possible de coller un bout cassé à la colle époxy. Ce type de colle possède deux composants, une résine et un durcisseur, qui doivent être mélangés juste avant utilisation. La pièce ne devra plus être cuite, par exemple pour être émaillée, car la colle ne résiste pas aux températures élevées.
Les pièces biscuitées, c'est-à-dire ayant subi une cuisson pour durcir l'argile, peuvent également être recollées après cuisson à la barbotine cellulosique. Enveloppez dans un chiffon mouillé les zones à assembler, laissez-les se gorger d'eau, puis badigeonnez-les de barbotine cellulosique. Attendez 10 minutes avant de les remettre en place. Étalez de la barbotine autour de la jointure, laissez sécher, puis procédez à une nouvelle cuisson du biscuit. Il s'agit là de petites réparations, n'essayez pas de recoller ainsi une anse, sa solidité ne serait pas assurée !

LA CUISSON

Le cru et le cuit

Faut-il obligatoirement cuire l'argile ?

Non, la cuisson n'est pas indispensable. La terre modelée et séchée peut être conservée telle quelle. Elle garde alors un aspect de glaise sèche, elle est fragile et friable. En plus de conséquentes économies d'énergie, elle offre une grande liberté face aux contraintes techniques. Vous n'avez plus à vous préoccuper de la présence d'inclusions d'air ou d'impuretés dans votre travail, ni de la présence de supports ou d'éventuelles déformations à la cuisson. En outre, il reste possible de réutiliser cette terre, même des années plus tard (voir page 23). Les modelages non cuits réalisés en terre-papier et plus encore ceux en argile autodurcissante sont beaucoup moins fragiles.

Quels sont les différents modes de cuisson ?

La cuisson de l'argile s'accorde aux époques, aux traditions, aux lieux géographiques ou encore à un choix personnel. Depuis les temps anciens, les poteries ont permis aux hommes de conserver et de préparer la nourriture. Lors de la cuisson, l'argile durcit de façon irréversible : elle devient robuste et peut servir de contenant car elle résiste à l'eau. Ce changement se produit à 600 °C et son effet se renforce au-delà. De telles températures sont atteintes à proximité d'une flamme, mais l'argile crue ne supporte pas les chocs thermiques. Depuis des milliers d'années, l'homme observe, adapte, améliore et invente différentes façons de cuire la terre tout en utilisant le combustible à sa disposition.

Les cuissons primitives

La façon la plus ancienne et la plus rudimentaire de cuire l'argile se fait en plein air, les pièces crues posées sur un sol parfois creusé. Elles sont entourées et recouvertes d'herbes sèches et de branchages que l'on enflamme. La terre utilisée contient de la grosse chamotte pour mieux résister aux inévitables chocs thermiques. Cependant, si l'élévation de la température est trop rapide, les poteries cassent. Ce mode de cuisson se pratique encore de nos jours en de nombreux pays d'Afrique. Bien maîtrisé et fort d'une longue tradition, il se décline sous de multiples variantes et n'utilise que peu de combustible ramassé sur place. Si vous voulez tenter une telle expérience, essayez d'attiser lentement le feu et de réguler le tirage avec une tôle posée sur le dessus. Tenez les enfants à l'écart de telles aventures !

Pour comprendre l'évolution des cuissons et leur amélioration au fil du temps, il suffit d'observer une cuisson à feu ouvert et une cuisson avec coque. Elles se pratiquent en extérieur et nécessitent des végétaux secs, du bois, de la sciure, du charbon. L'argile utilisée est fortement chamottée. La préparation et la cuisson sont conduites tout au long d'une journée. Les pièces sont remplies et entourées de combustible, le tout est maintenu par du grillage et entouré

Cuisson à feu ouvert.

de planches de bois. Dans la cuisson à feu ouvert présentée page 48, un cercle de branchages est disposé tout autour du bois sans le toucher. Les branchages sont allumés et la cuisson commence par un préchauffage qui attise ensuite progressivement l'ensemble. Le risque de casse est important car le feu, difficile à maîtriser, est tributaire des intempéries : un coup de vent peut tout enflammer, la pluie peut tout éteindre. Dans une cuisson avec coque, les pièces sont mieux protégées et le tirage est amélioré. Des ouvertures latérales sont aménagées dans un socle en briques réfractaires recouvert d'une grille qui surélève les pièces et le combustible placés dans le grillage. Le bois placé autour est recouvert de nombreuses couches de papier collées les unes sur les autres par de la barbotine. Le tirage se fait grâce à une ouverture laissée sur le dessus, il est modulé par l'appel d'air du socle. La réussite de telles cuissons demande du savoir-faire, elles sont menées par des céramistes lors de manifestations ponctuelles.

Les fours d'atelier

Vous trouverez un grand choix de fours chez les fournisseurs en produits céramiques. Les plus courants sont les fours électriques, vendus également dans les magasins de loisirs créatifs ayant développé la vente de l'argile et des émaux.

Les fours à gaz conviennent aux potiers qui ont de grandes exigences pour leurs émaux. La fin de la cuisson peut s'effectuer en atmosphère réductrice, c'est-à-dire avec peu d'oxygène. La combustion se fait alors avec l'oxygène contenu dans les oxydes métalliques de l'émail. Il en résulte des émaux d'aspect et de couleur fort raffinés. La conduite de ces cuissons demande de l'expérience et une surveillance du four.

Les fours raku, à bois ou au gaz, s'utilisent en extérieur. Le défournement se fait lorsque la température requise pour l'émail est atteinte et le choc thermique fait craqueler les émaux. Les pièces sont enfumées dans la foulée, recouvertes de sciure de bois : les parties non émaillées noircissent. Les cuissons *raku* se pratiquent au Japon depuis le XVIe siècle et sont, à l'origine, liées à la cérémonie du thé. Ces cuissons demandent des terres bien chamottées et des protections thermiques car il faut ouvrir un four d'une température de 1 000 °C.

Quel four choisir ?

Le **four électrique** est facile à utiliser et s'adapte à tous les besoins. Il s'agit là d'un four de potier, appelé également *four à céramique* dont la température intérieure dépasse 1 000 °C (un four de cuisine atteint 300 °C, voire 500 °C s'il est à nettoyage par pyrolyse). Entre le four de 40 litres limitant la hauteur des poteries à 30 cm et le four industriel, la différence est de taille ! Optez pour un four d'un volume d'environ 100 litres, même si vous n'encadrez qu'un atelier de six enfants. Ainsi vous ne serez limité ni en nombre ni en taille de pièces.

Cuisson avec coque.

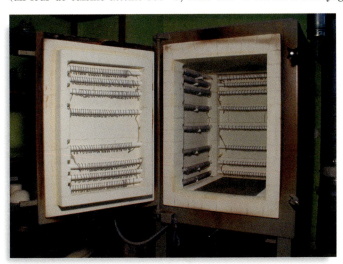

Four électrique à chargement frontal.

> **Évolution des fours**
>
> Au fil du temps, les fours se sont transformés et sophistiqués : ils comportent généralement une chambre pour les pièces à cuire, un foyer pour le feu et une cheminée pour le tirage. Après le bois, d'autres combustibles ont été utilisés, comme le gaz et l'électricité. Les fours d'aujourd'hui sont transportables et programmables.

À noter

Votre branchement électrique doit absolument être adapté à l'ampérage requis par le fabricant, il augmente avec la taille du four et peut être mono ou triphasé.

Les résistances.

Une canne pyrométrique.

Un régulateur électronique.

Cônes pyrométriques sur leur support avant cuisson.

Le cône du milieu, plié à moitié, indique la température atteinte par le four, soit 1 020 °C pour un cône n° 04a. Le cône n° 03a calibré à 1 040 °C ne s'est pas déformé et le cône n° 05a calibré à 1 000 °C a fondu.

Un four est dit **vertical**, lorsqu'il se charge par le dessus. L'espace entre les poteries enfournées est facile à visualiser. Par contre, poser une poterie émaillée dans le four est plus délicat : il faut se pencher et la tenir droite ce qui augmente les points de contact avec la poudre d'émail qui est fragile. D'un coût plus élevé, le four **frontal** se charge par l'avant et son enfournement est aisé. Vous pouvez créer facilement les niveaux de rangement, la hauteur des pièces est bien apparente. Une poterie recouverte d'émail peut être mise en place tenue en partie par la base non émaillée et glissée sur la plaque d'enfournement. Si votre budget est limité, que vous émaillez peu ou que vous utilisez des émaux à appliquer au pinceau qui adhèrent bien, vous pouvez opter pour un four à enfournement vertical. Si vos exigences en matière d'émaillage sont grandes ou si vous êtes très productif, préférez un four à enfournement frontal.

Un four doit être correctement isolé par des briques réfractaires et équipé d'un **programmateur** qui régule automatiquement la température. L'équipement complet d'un four d'environ 100 litres coûtera entre 2 000 et 3 500 euros selon les modèles, les fournisseurs et la température qu'il peut atteindre. Un four à faïence qui monte à 1 150 °C sera moins cher qu'un four à grès qui atteint 1 300 °C et dont la fabrication exige des matériaux encore plus résistants à la chaleur et une excellente isolation.

La carcasse métallique d'un four de potier est isolée de l'intérieur par des briques réfractaires à faible densité. Certains modèles, très légers, sont isolés par des nappes de fibres céramiques. Ils permettent une montée rapide en température, mais les fibres ne sont pas robustes et leur inhalation est dangereuse. La chauffe s'effectue grâce à des **résistances** en fil Kanthal placées sur les côtés, et selon les modèles, dans le fond ou dans la porte.

Une **trappe d'entrée d'air** est placée dans le bas, l'évacuation de l'air et de l'humidité résiduelle s'effectuent par convexion dans la partie haute du four. Une bonne ventilation du local est indispensable. Ne restez pas à proximité d'un four lors de la cuisson : il devient très chaud et les émanations peuvent être toxiques. Veillez à pouvoir ouvrir une fenêtre ou à extraire l'air du local dans lequel vous placez le four.

Une **canne pyrométrique** mesure la température à l'intérieur du four. Elle est reliée à un régulateur électronique placé à l'extérieur. Vous pouvez ainsi programmer la courbe de cuisson. La vitesse de la montée en température sera modérée en début de cuisson, puis accélérée et le four s'arrêtera automatiquement une fois la température choisie atteinte.

Les modèles de fours anciens ne disposent que de deux puissances de chauffe : le petit feu pour une montée lente en température dans la première phase de la cuisson et le grand feu pour une montée à pleine puissance. Vous ne pouvez donc pas varier la puissance de la montée en température, ni programmer de démarrage différé ou de palier de température en fin de cuisson.

Certains fours sont pourvus d'un **regard** qui vous permet d'observer la couleur des flammes et de contrôler ainsi l'avancement de la cuisson : à 800 °C, le feu est rouge sombre, à 1 000 °C il est orange, puis presque blanc vers 1 200 °C, avec toutes les nuances intermédiaires qu'un potier sait discerner et que vous apprendrez à reconnaître peu à peu. Si vous n'êtes pas expérimenté et ne disposez pas de pyromètre, vous pourrez estimer la température de cuisson à l'aide de **cônes pyrométriques** calibrés, également appelés *montres fusibles*. Ils comportent un numéro de référence correspondant à un point de fusion précis. Choisissez des cônes différents dont la fusion est proche de la température à atteindre et placez-les en face du regard. La température de référence atteinte fera fléchir le cône. Même sans regard, des cônes pyrométriques placés dans un four permettent de vérifier le bon fonctionnement du pyromètre.

Comment remplir un four ?

Un système de **plaques d'enfournement** et de **quilles** emboîtables ou non, en terre réfractaire, permet de s'adapter aux hauteurs variées des objets à cuire en créant des niveaux de rangement à l'intérieur du four.

Les plaques et les quilles doivent supporter les températures élevées du four et le poids des objets qu'elles reçoivent. Il faut protéger les plaques d'enfournement des petites

Des quilles d'enfournement.

coulures d'émail accidentelles en les recouvrant d'un **engobe de protection**. Il est vendu sous forme de poudre blanche, se mélange à poids égal avec de l'eau et s'applique avec un pinceau plat. Il reste en place au fil des cuissons. Si l'émail vient à couler lors de la cuisson, il se fixe sur l'engobe et la plaque d'enfournement reste intacte. Enlevez la coulure avec un petit burin frappé d'un marteau et faites une retouche d'engobe à cet endroit.

Pour réussir un remplissage optimum de votre four, rassemblez les réalisations de hauteurs semblables, elles définiront l'espace entre deux plaques d'enfournement. Disposez les petits objets dans les espaces restés vides. Placez les grandes pièces sur le niveau supérieur qui ne nécessite pas de quilles d'enfournement.

Application d'un engobe de protection.

Les poteries sont disposées de manière à pouvoir se dilater et se déformer sans se toucher. Pour une cuisson de biscuit, vous pouvez cependant poser de petites pièces légères dans de plus grandes afin de gagner de la place. Pour une cuisson d'émail, il est impératif que les pièces soient espacées d'au moins 1 cm. Placez-les sur des **supports d'enfournement** en céramique pour les désolidariser de la plaque et éviter qu'elles n'y restent collées si l'émail venait à couler.

Barrettes triangulaires appelées aussi piques.

Les différents types de cuisson

La cuisson de biscuit

Une première cuisson, appelée aussi *cuisson de biscuit* ou *dégourdi*, est nécessaire pour transformer la terre friable en une masse ferme et solide. On obtient alors une poterie dont le corps est appelé *tesson*. Cette cuisson est stoppée à 900 °C afin que le tesson conserve une porosité qui lui permette de recevoir l'émail. Lorsqu'on n'envisage pas d'émailler, la température de la cuisson sera celle conseillée sur l'étiquette de l'argile employée.

Trépieds ou pieds de coq.

Si la majorité de l'eau contenue dans l'argile s'est déjà évaporée lors du séchage, les molécules d'eau restantes liées chimiquement à la terre disparaissent à la cuisson à partir de 400 °C et la modification irréversible de l'argile se produit vers 600 °C. La montée en température pendant la première phase de cuisson doit être lente, de l'ordre de 100 °C par heure. Lorsque le four atteint 500 °C, il peut chauffer à pleine puissance. Les poteries sont alors *biscuitées*, *dégourdies*. La terre crue est devenue terre cuite.

Selon le type et le volume du four, selon la température à atteindre, la durée de la cuisson peut varier de 7 à 14 heures. La retombée en température du four, quant à elle, demandera environ deux jours. Armez-vous de patience avant d'ouvrir la porte du four !

Programme type de cuisson de biscuit

❶ *Ouvrir le clapet de ventilation du four au maximum, pour que l'eau contenue dans la terre puisse être évacuée.*

❷ *Élever progressivement la température pour atteindre 500 °C en 5 heures.*

❸ *Fermer le clapet de ventilation et chauffer le four à pleine puissance jusqu'à 900 °C.*

❹ *Maintenir la température finale pendant 10 minutes. Le régulateur coupe automatiquement le four.*

❺ *Avant de défourner, attendre que le four refroidisse. La porte peut être ouverte lorsque la température est tombée à 50 °C, si vous tenez alors à sortir les poteries, porter des gants à protection thermique.*

Remplissage du four pour une cuisson de biscuit.

Remplissage du four pour une cuisson d'émail.

La cuisson d'émail

La seconde cuisson est la *cuisson d'émail* qui permet de transformer l'émail appliqué sur une poterie en une masse vitreuse.

Lors de la cuisson d'émail, la montée en température peut être plus rapide que pour la cuisson du biscuit, puisque seule l'eau résiduelle apportée par l'émail doit être évacuée. La température de cuisson sera imposée par l'émail choisi, tout en restant bien sûr supportable par l'argile. Après cuisson, vous devez attendre le refroidissement naturel : n'essayez pas d'ouvrir la porte trop tôt. Vous risquez à la fois de vous brûler et d'abîmer vos pièces car, lors du refroidissement, les tensions entre terre et émail sont importantes.

Programme type de cuisson d'émail

❶ *Entrouvrir le clapet de ventilation du four afin de laisser circuler un peu d'air pour évacuer l'eau résiduelle.*

❷ *Élever progressivement la température du four de manière à ce qu'il atteigne 250 °C en 2 heures.*

❸ *Fermer le clapet et monter la puissance de chauffe au maximum jusqu'à atteindre la température finale requise par l'émail.*

❹ *Maintenir cette température durant 10 minutes avant d'arrêter la cuisson.*

❺ *N'ouvrir la porte que lorsque la température du four est en dessous de 50 °C et sortir les pièces lorsqu'elles ont refroidi.*

Où faire cuire sa production ?

Certains ateliers, points de vente de l'argile et céramistes peuvent accepter de cuire vos pièces. Mais attention : les réalisations à base d'argile traditionnelle sont fragiles et cassent facilement lors du transport, même emballées dans du plastique à bulles ou séparées les unes des autres par du papier froissé. Les cuissons ne sont pas quotidiennes car un four doit être entièrement rempli pour lancer la cuisson, longue et gourmande en énergie. Si les pièces enfournées sont d'origines diverses, les caractéristiques des terres utilisées sont difficilement vérifiables. Seule une cuisson standard à 900 °C sera envisageable.

L'investissement important que représente l'achat d'un four demande à être bien mesuré. La cuisson chez un tiers peut constituer une solution pour débuter un atelier ou pour une pratique à la maison. Votre fournisseur d'argile pourra vous informer quant aux possibilités de cuisson proches de chez vous. Mais ne perdez pas de vue que les enfants attachent surtout de l'importance au plaisir de modeler et de créer un objet de leur main. Le séchage et la cuisson occasionnent une attente. Seuls les plus grands sauront apprécier pleinement la pérennité qu'atteint leur œuvre grâce à la cuisson.

Pour aller plus loin...

N'hésitez pas à visiter des ateliers de céramistes et découvrir la diversité des techniques employées.
Inscrivez-vous à un cours ou à un stage pour approfondir l'une ou l'autre technique de décoration ou de cuisson.
Tenez-vous informé des manifestations, expositions et marchés (voir Adresses utiles page 135).

LA DÉCORATION

De nombreuses possibilités de décoration s'offrent à vous. Texturer, lustrer, peindre, émailler ou encore associer divers matériaux à la terre… en poterie, les possibilités de décoration sont multiples. (Voir Tableaux récapitulatifs, page 66.)

Floriane dessine avec un cure-dents.

Les décors sur terre naturelle

Les empreintes

Apposer un objet ou une surface texturée sur l'argile crue imprime une empreinte au motif régulier ou unique. Le procédé est simple, le résultat souvent épatant ! Prenez un morceau de tissu à grosse trame, comme par exemple de la toile de jute, appuyez-le fermement contre la terre. Poursuivez votre modelage : il conservera une trace texturée intéressante. Mais généralement, la décoration s'effectue après la mise en forme pour éviter toute altération du motif lors des manipulations successives de la terre. Un objet pointu, comme un cure-dents, permet de dessiner sur la terre. Une fourchette qui strie et gratte laisse des marques plus profondes. Tout objet pressé contre la terre laisse une marque, sa marque : une étoile avec un clou de girofle, un cercle avec une paille…

Surface structurée à la toile de jute.

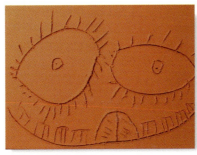

Dessin au cure-dents.

Marques et stries laissées par un clou de girofle, une paille et une fourchette.

Terre cuite polie.

Le polissage

À l'opposé du travail d'impression, le polissage lisse la surface de l'argile peu chamottée. Frottez la pièce que vous venez de terminer avec le dos d'une cuillère, une pierre polie ou une estèque en caoutchouc, elle prend un aspect satiné. Lorsqu'elle s'est affermie, alors qu'elle est encore humide, frottez-la encore jusqu'à ce qu'elle prenne un bel aspect brillant. Après cuisson, vous pouvez augmenter la brillance de votre pièce en lui appliquant, au pinceau, une cire liquide utilisée pour l'entretien les meubles. Laissez sécher et lustrez énergiquement au chiffon doux.

Terre crue et plumes.

La terre et les autres matériaux

Toutes sortes de matériaux comme le bois, les végétaux, la ficelle, le papier ou le tissu s'associent aisément à la terre. Vous pouvez les nouer autour de l'objet ou par des ouvertures prévues à cet effet. Si l'argile est autodurcissante ou cuite, une colle universelle pourra les maintenir en place. Vous pouvez également les piquer dans l'argile crue encore humide. Si vous procédez à une cuisson, pensez à les retirer avant. Ils seraient réduits en cendres.

La couleur à froid

Les réalisations séchées, biscuitées ou durcies à l'air peuvent être peintes dans un but purement décoratif et non alimentaire. Veillez à ce que leur surface ne soit ni grasse ni poussiéreuse afin que la peinture adhère bien.

La gouache et la peinture acrylique

Poterie peinte à la gouache et vernie.

Couramment utilisées pour la peinture et le bricolage, elles se diluent à l'eau. Leur emploi facile est conseillé pour les jeunes enfants : la gouache liquide s'étale facilement sur la terre et la couvre bien. Après séchage, appliquez un vernis pour gouache transparent et résistant à l'eau. Il fixe la couleur, lui donne un aspect satiné ou brillant et protège l'argile non cuite de l'eau.

La peinture acrylique convient tout aussi bien, elle s'applique aisément. Utilisez-la sur une terre blanche, le rendu des couleurs sera meilleur car son pouvoir couvrant est limité. Si votre argile est colorée, vous pouvez au préalable appliquer une couche de peinture acrylique blanche.

Les peintures céramiques à froid

Les peintures céramiques à froid s'achètent dans les magasins de loisirs créatifs. Certaines se diluent à l'alcool ou à l'eau et s'appliquent directement sur la terre. Utilisez une brosse plate pour appliquer la couleur de fond et un pinceau fin pour les décors. Les pinceaux se nettoient à l'alcool ou à l'eau. Une fois sèches, ces peintures deviennent résistantes et imperméables sans être pour autant à usage alimentaire.

Il en est de même pour les peintures à base d'essence de pétrole. Mais leur usage est à proscrire en présence d'enfants à cause des fortes odeurs qu'elles dégagent. Elles s'appliquent soit directement sur la terre, soit sur une sous-couche de préparation bouche-pores, qui permet de lisser et de rendre étanche la surface. Ces peintures peuvent également être posées sur des poteries émaillées pour réaliser des décors peints. Les pinceaux se nettoient à l'essence de pétrole.

> **À noter**
>
> La gouache liquide, la peinture acrylique et les pinceaux sont ceux utilisés couramment par les enfants en milieu scolaire. Vous trouverez l'équivalent dans les magasins de loisirs créatifs.

La couleur par la cuisson

Les produits nécessaires pour décorer la céramique par la cuisson se trouvent chez les fournisseurs de produits céramiques, ce ne sont que rarement des articles proposés dans les rayons des magasins de loisirs créatifs.

L'émail

L'émail est un mélange à base de silice, de fondants et d'oxydes colorants. La composition de chaque émail est établie en fonction de l'aspect, de la couleur et de la température de fusion recherchés. La silice est la composante de base et sa structure est assouplie par la présence de fondants dont le plus connu est l'oxyde de plomb qui est toxique et pratiquement plus utilisé de nos jours (vérifiez tout de même sur l'étiquette). La couleur de l'émail est apportée par les oxydes colorants comme l'oxyde de fer, pour les émaux bruns, et l'oxyde de cobalt, pour les émaux bleus. La présence d'un opacifiant comme l'oxyde d'étain permet de masquer la couleur du tesson.

Les matières premières composant la poudre d'émail sont mélangées à de l'eau et appliquées sur une poterie biscuitée. Après une cuisson spécifique, la cuisson d'émail, le mélange se transforme en une fine couche de verre qui recouvre l'argile. L'émail apporte à vos poteries une touche colorée, brillante et permet leur utilisation au contact des aliments. Il les rend étanches, résistantes et lavables. Un émail peut-être utilisé seul, en superposition avec d'autres émaux ou associé à diverses techniques de décor comme la pose d'engobes, d'oxydes colorants ou de peintures décoratives. Incolore ou teinté, l'émail peut être mat, satiné ou brillant.

À l'achat, les émaux se présentent sous forme de poudre blanche ou colorée en paquet de 1 kg à préparer (voir page 58). Ils s'appliquent de diverses manières et la poudre déposée sur l'argile est fragile et s'enlève facilement. Ce sont les émaux les moins onéreux.

Les émaux vendus sous forme liquide, en flacons ou en pots de 200 ml à 1 l, sont prêts à l'emploi. Ils contiennent un liant qui les rend épais et les rend propres à une application au pinceau. Une fois posé, l'émail adhère à la surface de l'argile, les pièces sont faciles à manipuler et à transporter si vous les faites cuire par un tiers. Ce type d'émaillage est envisageable pour des enfants.

Poterie émaillée.

> **Pour aller plus loin...**
>
> Voir également L'émaillage page 58.

> **Attention**
>
> Vous trouverez des émaux pour la faïence et des émaux pour le grès. N'utilisez jamais un émail grès sur une faïence !

L'engobe

L'engobe est un mélange d'argile et d'eau, le plus souvent teinté par un rajout d'oxydes métalliques, qui s'emploie sur de la faïence. Un engobe peut servir à recouvrir la terre afin d'en modifier la couleur. Mais il sert principalement à la décorer. La terre et l'engobe peuvent être recouverts d'une couche protectrice d'émail transparent, on obtient ainsi une terre vernissée.

Appliquez l'engobe en couche plus ou moins fine, comme dans les exemples illustrés plus loin, sur une terre crue à consistance du cuir, c'est-à-dire ferme et humide. Si votre argile est trop humide, l'engobe aura tendance à s'étaler plutôt que d'adhérer. Laissez bien sécher votre pièce avant de procéder à une cuisson de biscuit à 900 °C. Appliquez ensuite un émail transparent et procédez à une nouvelle cuisson à la température indiquée pour la fusion de l'émail, aux alentours de 1 000 °C.

L'application des engobes au pinceau est la mieux adaptée aux enfants. Pour limiter les ratés (coulures et taches), faites-les travailler sur une terre déjà biscuitée. Les engobes seront plus fluides que ceux utilisés précédemment car le biscuit est très absorbant. À tout moment, vous pouvez rincer les poteries à l'eau, les faire sécher et recommencer. Appliquez ensuite la couche d'émail transparent et procédez à la cuisson d'émail.

L'engobe s'achète au kilo, sous forme de poudre d'après un nuancier disponible auprès des fournisseurs de produits céramiques. Dans ce cas, il faut ajouter environ 10 cl d'eau à 100 g de poudre, et passer au tamis n° 80. D'autres, encore plus faciles à utiliser, sont vendus prêts à l'emploi sous forme liquide. Le prix des engobes varie selon leur couleur, les bleus sont les plus coûteux (un engobe blanc peut, par exemple, coûter jusqu'à huit fois moins cher qu'un bleu, qui est indexé sur le prix du marché de l'oxyde de cobalt, en hausse permanente).

> **Attention**
>
> Les manipulations d'émail et d'engobe sous forme de poudre doivent être faites par un adulte portant un masque protecteur. Lavez-vous soigneusement les mains après usage. Rangez ces produits hors de portée des enfants.

Recettes d'engobes présentés émaillés

Engobe blanc :
100 g de terre blanche

Engobe rouge :
100 g de terre rouge

Engobe noir :
100 g de terre noire ou
100 g de terre rouge
+ 5 g d'oxyde de manganèse

Engobe bleu :
100 g de terre blanche
+ 5 g d'oxyde de cobalt

Engobe jaune :
100 g de terre blanche
+ 10 g d'oxyde de titane

Engobe brun :
100 g de terre brune
ou 100 g de terre rouge
+ 10 g d'oxyde de fer

Engobe vert :
100 g de terre blanche
+ 3 g d'oxyde de cuivre

L'utilisation de faïences de différentes couleurs pour le modelage permet de préparer soi-même des engobes bon marché. Il vous suffit de concasser puis d'écraser finement de la terre séchée. En y ajoutant des oxydes colorants, en variant leur concentration, vous pourrez décliner une palette très étendue de couleurs et de teintes. Pour obtenir une consistance crémeuse, additionnez 8 à 12 cl d'eau à 100 g de terre réduite en poudre mélangée ou non aux oxydes colorants, puis passez le tout au tamis n° 80.

Quelques exemples décoratifs à base d'engobe

Tampon : une éponge trempée dans l'engobe laisse sa trace sur la terre.

Grattage : rayé par une pointe, l'engobe noir laisse réapparaître la terre.

Aspersion : l'engobe blanc coule du pinceau sur une terre rouge.

Peinture : décor réalisé au pinceau.

Engobes posés avec une poire en caoutchouc : la pression des doigts contrôle l'écoulement.

Projection : l'engobe a été projeté en frottant le doigt sur une brosse à dents.

Trempage : l'assiette blanche a été trempée trois fois partiellement en pivotant dans l'engobe noir.

Coulure : plusieurs engobes versés côte à côte, puis mélangés sur l'assiette.

Réserves : le papier humidifié adhérant sur la terre a empêché l'engobe de s'y poser.

Les oxydes colorants

Les oxydes colorants les plus couramment utilisés en céramique résultent de l'oxydation des métaux, c'est-à-dire de la combinaison chimique d'un métal avec l'oxygène. Le fer, par exemple, exposé à l'air, s'oxyde, rouille et donne l'oxyde de fer. Les oxydes métalliques sont à l'origine de la couleur en céramique. Ils se présentent sous forme de poudre fine qu'il faut éviter d'inhaler.

L'oxyde de fer donne du brun, l'oxyde de manganèse du noir, et l'oxyde de cobalt du bleu. Utilisés purs et mélangés à de l'eau, ils permettent d'accentuer les marques en creux, les dessins, les structures. Il faut environ 20 g d'oxyde pour 1 dl d'eau. Appliquez-les à l'aide d'un pinceau plat jusqu'à ce que la terre biscuitée soit recouverte. Essuyez ensuite le surplus à l'aide d'une éponge ou d'un chiffon mouillé. Procédez à une nouvelle cuisson pour les fixer. Si vous souhaitez un rendu brillant ou mettre la poterie au contact d'aliments, versez dessus une couche d'émail transparent. Effectuez une cuisson à température de fusion de l'émail, mais celle-ci ne devra pas dépasser 1 100 °C.

> **Attention**
> Le port d'un masque et de gants jetables est indispensable à la manipulation des oxydes colorants, toujours effectuée par un adulte.

Application d'oxyde de fer.

Surplus essuyé.

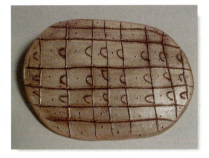
Oxyde et émail après cuisson.

Les peintures décoratives

Les fournisseurs de produits céramiques proposent différents types de peintures à base de pigments. Chaque gamme possède une grande variété de teintes, toutes miscibles entre elles. Selon les marques et les couleurs, la température de cuisson varie de 800 à 1 250 °C. Remettez-vous en aux conseils du fabricant.

Les peintures décoratives sous émail s'appliquent sur une poterie biscuitée. Elles doivent être recouvertes d'un émail transparent et fixées par la cuisson de celui-ci. Les peintures décoratives sur émail et les couleurs vitrifiables utilisées notamment pour la peinture sur porcelaine sont appliquées sur des céramiques déjà émaillées, puis fixées par une cuisson spécifique.

Les feutres pour porcelaine et céramique s'appliquent également sur l'émail cuit, les pigments sont fixés par une cuisson aux alentours de 200 °C, qu'il est possible d'effectuer dans un four ménager. Ils peuvent être utilisés pour décorer des poteries achetées toutes faites, comme par exemple de la porcelaine blanche.

> **Attention**
> Les peintures décoratives ne sont pas toutes alimentaires ! L'étiquette sur l'emballage vous l'indiquera.

Peintures décoratives à appliquer sur ou sous émail.

Décors avec feutres pour porcelaine.

Feutres pour porcelaine.

L'émaillage

La préparation de l'émail

Les émaux vendus en poudre doivent être mélangés à de l'eau et tamisés. L'émail se prépare à l'avance et se conserve dans un seau en plastique muni d'un couvercle hermétique. Vous pouvez préparer 1 ou 2 kg d'émail à la fois, la pose de l'émail en sera facilitée. Comptez 8 dl d'eau pour 1 kg de poudre d'émail.

❶ *Mettre 1 kg de poudre d'émail dans une bassine et ajouter lentement 8 dl d'eau.*

❷ *Bien mélanger à la spatule en bois.*

❸ *Disposer deux lattes sur un seau et poser dessus un tamis fin n° 80. Verser le mélange dans le tamis.*

❹ *Racler avec la spatule pour aider au tamisage, puis verser un peu d'eau pour récupérer un maximum d'émail.*

La préparation doit être réalisée par un adulte portant un masque de protection car la poudre d'émail est légère et se soulève facilement. Si la poudre contient des agglomérats durcis, étalez-la dans un sac plastique épais. Nouez le sac et passez dessus un rouleau en appuyant pour bien écraser les morceaux.

Au repos, l'émail retombe et certains émaux se compactent fortement lorsqu'on les conserve. Afin de réduire cet effet, rajoutez à la préparation d'émail un suspensif ou produit d'homogénéité dans les proportions conseillées par le fabricant.

Une viscosité optimale de l'émail est essentielle pour un bon résultat. Elle dépend du type d'émail, de la porosité de la terre et de la façon de l'appliquer. L'émail transparent est fluide afin de pouvoir être appliqué en couche mince et garder toute sa transparence. L'émail colorant a une consistance un peu crémeuse et son épaisseur permet de développer une belle couche vitreuse à la surface de l'argile. Procédez à une cuisson test (voir page 61) pour définir la bonne fluidité de l'émail que vous venez de préparer. Si vous constatez qu'il coule à la cuisson, rajoutez de l'eau à la suspension pour fluidifier le mélange. Si, au contraire, il n'a pas développé l'aspect attendu, laissez la suspension s'évaporer à l'air libre pour que le mélange retrouve une certaine densité.

Chaque émail se comporte de façon différente. Apprenez à bien connaître quelques émaux plutôt que d'en utiliser un grand nombre. L'expérience de l'émaillage s'acquiert au fil du temps. Pensez à noter vos observations. Commencez par préparer ou utiliser un émail transparent adapté à votre argile. Il vous apportera déjà de nombreuses possibilités de finitions.

> **Avec ou sans les enfants ?**
>
> L'application d'émaux liquides prêts à l'emploi à appliquer au pinceau est adaptée aux enfants. La pose de l'émail est aisée et, grâce au liant, l'émail ne retourne pas facilement à l'état de poudre. Réservez tout de même l'émaillage aux plus grands.

La pose de l'émail

L'émail en suspension se décante très vite. Il doit toujours être soigneusement mélangé avant utilisation. Pour lui assurer une parfaite adhérence, la poterie biscuitée doit être propre, sèche et dépoussiérée. Évitez d'émailler une poterie crue : les risques de casse dus à l'absorption rapide d'eau au moment de la pose sont trop importants.

Quelle est l'épaisseur de la couche d'émail ?

En moyenne, comptez un bon millimètre d'épaisseur. Cette mesure varie bien sûr en fonction de l'émail et de l'effet d'émaillage désiré. Avec un émail transparent, elle sera bien moins épaisse et laissera transparaître la couleur de la terre. Pour estimer l'épaisseur d'une couche d'émail, piquez-la avec une pointe fine, celle d'un clou par exemple.

Quelles sont les différentes techniques d'émaillage ?

L'émaillage d'un volume intérieur

Lorsqu'une poterie, un vase par exemple, possède un volume intérieur, il faut commencer par émailler celui-ci. L'extérieur peut rester en terre brute ou être ensuite émaillé de diverses façons.

❶ Verser la suspension d'émail homogène jusqu'au tiers du bord supérieur de la pièce.

❷ Vider aussitôt l'émail en impulsant un mouvement de rotation pour recouvrir toute la surface intérieure de la pièce.

❸ Essuyer les dégoulinements à l'extérieur à l'éponge et reprendre les éventuelles petites zones non couvertes au pinceau fin trempé dans l'émail.

Le trempage

C'est la technique d'émaillage la plus simple, à condition de disposer d'un volume d'émail suffisant pour y immerger votre poterie. Commencez toujours par mélanger soigneusement l'émail.

Si la hauteur du bain d'émail est analogue ou supérieure à celui de la pièce à émailler, vous pouvez maintenir la poterie à la base et la tremper retournée, bien verticalement, sans immerger la base. Ressortez-la immédiatement et posez-la sur la table. Vous pouvez aussi procéder de cette manière avec une pièce à ouverture étroite dont l'intérieur est déjà recouvert d'un autre émail.

Si la hauteur du bain d'émail est supérieure ou un peu inférieure à la taille de votre poterie à émailler, maintenez-la au bout d'une pince et trempez-la complètement dans le bain d'émail. Au besoin inclinez ce dernier. Retirez aussitôt la pièce pour la poser sur la table et laissez-la sécher. L'émail est sec lorsqu'il est plus clair, vous pouvez alors soulever la poterie en la tenant délicatement avec deux doigts et essuyer sa base avec une éponge humide. Vous pouvez également récupérer l'émail de la base en le raclant à l'aide d'un couteau pour le faire retomber dans le bain d'émail. Procédez ainsi pour les pièces pleines ou des pièces creuses dont l'intérieur et l'extérieur sont alors émaillés en même temps.

Trempage d'un vase tenu à la main.

Trempage d'un bol tenu par une pince.

L'aspersion

Posez la poterie en équilibre sur deux lattes fines ou de section triangulaire au-dessus d'une bassine, elle-même sur une tournette. Mettez la suspension d'émail homogène dans un verre mesureur avec poignée et bec afin de pouvoir l'appliquer avec précision. Versez l'émail sur la poterie en effectuant un mouvement de rotation, faites un tour complet en lui laissant le temps de s'étaler. L'excédent est récupéré dans la bassine. Si votre pièce est creuse, pensez à d'abord émailler l'intérieur et retournez-la avant de verser l'émail. Essuyez les dégoulinements d'émail sur la base avec un chiffon mouillé.

Pour émailler le dessus d'une plaque, tenez-la en position inclinée à l'aide d'une pince ou posée sur la main. Versez l'émail en un geste continu sur le bord supérieur en allant de la gauche vers la droite ou inversement. Si nécessaire, nettoyez l'arrière.

L'émaillage au pinceau

Le pinceau est l'outil idéal pour appliquer de petites touches de couleur. Quand les surfaces sont plus grandes, il laisse des traces souvent disgracieuses car la terre poreuse absorbe très vite l'eau contenue dans la suspension. La poudre d'émail adhère de façon irrégulière. Pour émailler des poteries au pinceau, vous utiliserez les préparations d'émaux liquides du commerce, elles sont destinées à cet usage. Ces émaux sont visqueux et s'appliquent épais. Commencez par les mélanger avec une cuillère pour vous assurer de leur homogénéité. Utilisez une brosse plate en soie de porc, d'une largeur de 2 à 4 cm pour les appliquer.

Ces préparations peuvent surprendre par leur différence de fluidité. Elles contiennent un agent d'encollage qui est dosé pour chaque émail de façon optimale par le fabricant.

L'émail est versé sur la poterie retournée.

Utilisez-les tels que vous les trouvez lors de l'ouverture du pot, après les avoir mélangés. Après un temps de conservation, il se peut que la préparation épaississe, rajoutez alors de l'eau. Vous pouvez adapter une préparation d'émail classique à une application au pinceau en lui ajoutant un agent d'encollage appelé également colle pour émail. Ce sera à vous d'adapter le dosage selon l'émail utilisé et les indications du fabricant.

Application d'un émail au pinceau

❶ *Appliquer une première couche à la brosse plate en l'étalant de façon régulière dans une seule direction. Ne pas mettre d'émail sur la base.*

❷ *Après 10 minutes de séchage, lorsque l'émail s'éclaircit, signe qu'il est sec, appliquer une seconde couche en croisant la première.*

Le fabricant peut recommander la pose d'une troisième couche, elle sera croisée par rapport à la précédente. L'épaisseur totale de l'émail est de l'ordre de 2 mm. N'appliquez qu'une seule couche si vous utilisez de l'émail transparent.

La pulvérisation

Cette technique permet de répartir l'émail de façon homogène et subtilement nuancée sur la surface d'une pièce. Un compresseur à air est relié à un pistolet d'émaillage et apporte la pression nécessaire pour la pulvérisation. L'émail est placé dans un réservoir surmontant le pistolet et l'intensité du jet est réglable par une vis placée à l'arrière. Vous procéderez à son réglage en utilisant de l'eau à la place de l'émail. Le fin nuage d'émail est très nocif et le seul port d'un masque de protection insuffisant. Ce procédé nécessite l'installation d'une cabine d'émaillage qui aspire et filtre l'air avant de le rejeter à l'extérieur du local. C'est un équipement lourd qui nécessite un raccordement à un mur vers l'extérieur.

La poterie à émailler est placée sur une tournette. Pensez à surélever légèrement la pièce afin d'éviter une accumulation d'émail au contact du support. Si vous émaillez un vase, commencez par émailler l'intérieur en versant l'émail. Vous pouvez ensuite procéder par pulvérisation à l'extérieur. Lorsqu'une forme est très ouverte, vous pouvez émailler l'intérieur et l'extérieur en même temps, à condition que l'extérieur soit facilement accessible. Sinon retournez-la et commencez par émailler l'extérieur. Nettoyez sa base afin de pouvoir l'enfourner correctement et émaillez ensuite l'intérieur.

Attention

La pulvérisation, réservée aux adultes portant un masque de protection, doit s'effectuer impérativement sous extraction d'air dans une cabine d'émaillage.

Émaillage au pistolet.

Application d'un émail au pistolet

❶ *Mélanger la suspension d'émail tamisée finement pour qu'elle ne bouche pas le pistolet. Remplir le réservoir et mettre le couvercle en place.*

❷ *Mettre le compresseur en marche à une pression d'environ 3 bars.*

❸ *Poser la pièce à émailler sur une tournette.*

❹ *Faire marcher l'aspiration d'air de la cabine d'émaillage et mettre un masque de protection.*

❺ *Pulvériser l'émail à 20-30 cm de distance en faisant tourner lentement la pièce. Faire un passage à l'émail transparent ou plusieurs passages à l'émail colorant afin que l'épaisseur de la couche atteigne au moins 1 mm. Veiller à toujours déplacer la pièce ou le pistolet pour que l'émail sèche et adhère instantanément sans couler.*

❻ *Couper le compresseur et n'enlever la pièce qu'une fois sèche.*

❼ *Récupérer l'émail restant dans le réservoir. Rincer le pistolet à l'eau et pulvériser ensuite de l'eau claire avec la pression résiduelle du compresseur.*

❽ *Couper le système d'aspiration de la cabine.*

L'émail se dépose rapidement au fond du réservoir. Bouchez si nécessaire l'orifice avec un doigt et actionner le pistolet pour provoquer des remous qui brassent l'émail. Procédez de même si le pistolet se bouche.

Les pertes d'émail lors de la pulvérisation sont importantes. Récupérez un maximum d'émail lors du nettoyage de la cabine avec une estèque en caoutchouc. Si vous avez pulvérisé à la suite des émaux différents mais à température de fusion identique, placez les restes dans un seau, ils serviront à émailler l'intérieur des vases par exemple.

Est-ce qu'on peut toucher un émail qui vient d'être posé ?

Évitez de toucher l'émail lorsqu'il vient d'être posé. Attendez quelques minutes, qu'il ait séché en surface et se soit éclairci. Cette attente peut-être bien plus longue si votre pièce est gorgée d'eau parce que vous l'avez trempée trop longtemps par exemple. À moins d'avoir utilisé un émail liquide à appliquer au pinceau, une pièce émaillée reste délicate à manipuler, réduisez les points de contact au maximum lorsque vous la prenez en main.

Quelles sont les précautions à prendre avant la cuisson ?

Vous pouvez gratter les coulures d'émail avec un petit couteau. Estompez les irrégularités, les traces de doigts ou les petits trous apparus au séchage, en les frottant doucement avec un doigt ou un pinceau sec. Nettoyez toujours la base de votre pièce à l'aide d'une éponge mouillée afin d'enlever toute trace d'émail. Sans quoi, pendant la cuisson, l'émail en fondant à température élevée napperait le support et votre pièce y resterait collée après refroidissement.

La cuisson de l'émail

L'émail, une fois posé sur la poterie, doit subir un passage dans le four pour pouvoir se transformer en une masse vitreuse. La conduite d'une telle cuisson est décrite page 52. Vous déciderez de la température finale de cette cuisson d'émail en fonction des indications de l'étiquette sur l'emballage. La fourchette de température donnée vous laisse une petite marge de manœuvre. Lors de l'achat des émaux, veillez à pouvoir utiliser les émaux à une température commune, cela simplifiera grandement les cuissons et évitera des confusions. Veillez également à ce que cette température ne se situe pas au-dessus de la température de cuisson maximale de l'argile que vous utilisez.

Préparation des plaquettes pour une cuisson test.

Par exemple : vous avez fait un modelage avec une argile rouge dont la température de cuisson conseillée est 950-1 050 °C, il s'agit de la température de maturation de l'argile. Vous voulez l'émailler avec un émail dont la température de cuisson conseillée est 1 020-1 060 °C, il s'agit là de la température de fusion de l'émail. Lorsque votre modelage est terminé et séché, procédez à une première cuisson à 900 °C seulement, pour conserver une bonne porosité du tesson. Appliquez ensuite l'émail et procédez à une seconde cuisson à 1 020 °C. À cette température, l'émail aura fondu correctement et l'argile sera résistante.

De gauche à droite : émail « beige clair » avant cuisson, une et deux couches après cuisson. La plaquette du milieu n'a pas la couleur attendue, la couche d'émail appliquée est trop fine.

La cuisson de l'émail réserve souvent des surprises. La couleur de l'émail en suspension est rarement celle de l'émail cuit. Chaque couple terre + émail a un comportement propre qu'il n'est possible de bien connaître qu'après quelques cuissons. L'aspect de l'émail après cuisson varie aussi en fonction de l'épaisseur de la couche appliquée et de la température du four. Si la couche d'émail est trop fine, les différences de couleur des zones d'adhérence apparaissent. Si elle est trop épaisse ou que la tempéra- ture du four est trop élevée, l'émail coule. À une température de cuisson trop faible, l'émail reste mat.

Pour cerner les particularités des émaux, préparez une dizaine de plaquettes de terre d'environ 5 × 10 cm. Tracez avec un objet pointu un trait de repère dans le sens de la longueur et mettez les

De gauche à droite : émail « bleu » avant cuisson, une et deux couches après cuisson. Une couche d'émail trop épaisse provoque des coulures sur la plaquette de droite.

plaquettes en forme sur un rouleau. Faites-les sécher quelques jours, puis procédez à une cuisson de biscuit. Vous disposez ainsi d'une réserve de plaquettes pour tester vos émaux en temps utile. Trempez deux plaquettes dans l'émail jusqu'au trait de repère. Quand l'émail est sec, trempez l'une des deux à nouveau dans l'émail. Enfournez les deux plaquettes, partie non émaillée en bas. Procédez à une cuisson à température de fusion de l'émail. Vous obtiendrez ainsi des informations précieuses sur l'épaisseur d'émail à appliquer, les coulures et les variations de teintes. Vous pouvez également numéroter et annoter vos plaquettes avec un crayon spécial à base d'oxydes. Sa marque résiste à la cuisson. À défaut, appliquez au pinceau de l'oxyde de fer ou de manganèse mélangé à de l'eau. Pensez à noter vos observations !

Les problèmes liés à l'émaillage

Les bulles
Des bulles se forment. L'émail est trop épais, la température du four trop élevée, ou le refroidissement trop rapide.

Les coulures
L'émail coule. La température de cuisson est trop élevée ou la couche d'émail trop importante.

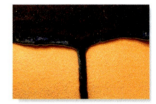

La matité
Un émail est terne, trop mat. La température de cuisson est trop basse ou la couche d'émail trop fine.

L'émail transparent est devenu laiteux
L'émail transparent doit, contrairement aux autres émaux, être posé en couche mince. Plus fluide à la préparation, il masque juste la couleur de la terre lors de son application. Laiteux ou blanc après cuisson, il aura été appliqué trop épais ou la température de cuisson était trop faible.

De gauche à droite : sans émail, émail transparent, trop d'émail.

Le craquelé
L'émail passe de l'état de poudre à celui d'une masse en fusion lors de la cuisson. En refroidissant, il se forme une couche dure et vitreuse au coefficient de dilatation différent de celui de la terre. Un écart trop grand entre les deux provoque des craquelures ou l'écaillage. Une ouverture prématurée du four peut aussi en être la cause. Le craquelé peut être un effet recherché, notamment lors des cuissons *raku*, spécialités japonaises, réalisées en plein air où le défournement se fait à chaud lorsque la température de fusion de l'émail est atteinte.

L'émail n'a pas la couleur attendue
La cuisson d'émail réserve parfois des surprises, comme celle d'une couleur inattendue. Quand la couche d'émail est trop fine, c'est un mélange de terre et d'émail correspondant à la zone d'adhérence qui apparaît.

Les picots ou têtes d'épingle
Ils apparaissent après la pose de l'émail, alors qu'il sèche. La terre a trop vite absorbé l'eau et l'air s'échappe par ces picots, qui sont des zones où l'émail n'adhère pas. Attendez que l'émail soit sec avant d'intervenir, puis frottez la surface avec le doigt pour le répartir uniformément. Les picots peuvent également apparaître en cours de cuisson. Ils ont constitué le chemin de passage de la vapeur d'eau : la cuisson a été trop rapide ou la température pas assez élevée.

De gauche à droite : sans émail, émail vert trop peu épais, bonne épaisseur.

Le manque d'étanchéité

Un vase émaillé fuit. S'il est fissuré, le problème vient du modelage. Si la base est constamment humide, c'est l'émail posé sur une terre poreuse qui a craquelé. S'il s'agit d'une fuite peu importante, n'apparaissant que lentement, la terre utilisée est une faïence ou un grès à chamotte forte qui conserve toujours une certaine porosité. Il suffit alors d'un petit défaut, d'une craquelure, pour que l'eau diffuse par capillarité. Le fournisseur de produits céramiques propose des produits à étancher, qui se déposent sous forme de film imperméable sur les parois. Leur usage est non alimentaire. L'utilisation du grès, non ou peu chamotté, est toute indiquée pour obtenir des contenants étanches.

Le retrait

Une petite zone n'est pas émaillée. Elle était probablement poussiéreuse ou grasse lors de l'application de l'émail. Faites une retouche et procédez à une nouvelle cuisson.

L'émail fait des paquets et la terre apparaît en différents endroits. Il a été posé en couche trop épaisse.

Comment récupérer un défaut d'émaillage ?

Lorsque l'émail a été appliqué en couche trop épaisse au départ ou que la température de cuisson était trop élevée, vous ne pouvez plus rien faire.

Si le problème provient d'une température de cuisson trop faible, procédez à une nouvelle cuisson à température plus élevée. Il suffit parfois d'une vingtaine de degrés de plus pour obtenir un bon résultat.

Dans les autres cas, essayez d'appliquer sur la pièce une nouvelle couche d'émail. La pièce déjà émaillée n'est pas poreuse et l'adhérence se fait difficilement, utilisez un pinceau et veillez à ce que l'émail ne soit pas trop liquide. Une autre solution consiste à utiliser une préparation d'émail liquide prête à l'emploi et à l'appliquer avec un pinceau. Vous pouvez ainsi superposer différents émaux, mais leur température de fusion doit être analogue. La couleur que vous obtiendrez est difficilement prévisible (les émaux ne se mélangent pas comme de la peinture) et le risque de coulure réel. Laissez bien sécher l'émail avant de le manipuler et procédez à une nouvelle cuisson.

LA SÉCURITÉ

Pour modeler la terre chez soi, dans un local collectif ou en extérieur, il suffit de respecter les règles d'hygiène élémentaires : nettoyer le matériel à l'eau et bien se laver les mains au savon après la manipulation de la terre. Modeler ne présente, bien entendu, aucun risque. Certaines argiles sont même recherchées pour leur valeur thérapeutique et utilisées pour leurs vertus curatives.

Mais lorsqu'il s'agit d'émailler ou de cuire, il en va différemment. Certaines matières premières utilisées sont toxiques, elles nécessitent une manipulation précautionneuse par un adulte averti portant un masque protecteur couvrant la bouche et le nez. Optez pour un masque anti-poussières que vous trouverez dans les magasins de bricolage. Placez la barrette sur le nez et pincez-la pour l'ajuster afin d'assurer une bonne étanchéité. Le masque anti-poussières est maintenu autour de la tête par deux élastiques et doit être bien plaqué sur le visage pour être efficace. Les modèles munis d'une soupape d'expiration facilitent la respiration. Ils sont classés d'après la norme européenne EN 149 de 2001, en trois catégories allant de 1 à 3 par ordre croissant d'efficacité. Un masque classé FFP1 sera suffisant pour les travaux de grattage ou de ponçage de l'argile sèche. Utilisez un modèle FFP2 voire FFP3 lorsque vous manipulez les poudres d'engobes, d'émaux et d'oxydes colorants ou lorsque vous appliquez l'émail par pulvérisation. Il est indispensable d'acquérir de bonnes habitudes, car la toxicité se révèle lentement, après une lente accumulation de produits dans l'organisme. Dans un atelier de poterie, les poussières peuvent contenir des produits nocifs. Dépoussiérez régulièrement les surfaces à l'aide d'un chiffon mouillé.

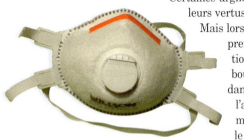

Masque anti-poussières à bonne assise et bonne étanchéité. Il retient les fines particules des poudres d'émaux, d'engobes et d'oxydes colorants. Votre respiration sera facilitée par la présence d'une soupape d'expiration.

Les principales matières premières toxiques

L'oxyde de plomb et le carbonate de baryum

Certains émaux pour la faïence contiennent de **l'oxyde de plomb**. Longtemps très prisées par les potiers pour leur commodité d'utilisation et leur incomparable brillance, ces poudres d'émail intègrent l'oxyde de plomb sous forme frittée, c'est-à-dire emprisonné dans une matière vitreuse qui l'empêche d'être assimilé par l'organisme. Mais les émanations de cuisson sont toxiques et les poteries émaillées peuvent restituer du plomb au contact de certains aliments ou certains liquides, comme le vinaigre. L'accumulation de plomb dans l'organisme provoque le saturnisme.

Le **carbonate de baryum** améliore la qualité et l'aspect des émaux, mais c'est un poison qui attaque le système nerveux.

Les émaux au plomb et au baryum sont à proscrire dans un atelier. La législation de nombreux pays, dont la France, limite de plus en plus leur utilisation.

Les oxydes colorants

Les plus courants sont les oxydes de fer, de cuivre, de manganèse et de cobalt qui colorent les engobes et les émaux. Leur combinaison avec les autres composants de l'émail et l'atmosphère du four déterminent la couleur et l'aspect de l'émail. L'oxyde de fer rouge est le moins toxique. Il s'agit de rien d'autre que de la rouille, c'est la base des émaux bruns. L'oxyde ou le carbonate de cobalt est incontournable pour l'obtention des émaux bleus, mais il est très toxique. Manipulez les oxydes avec précaution, n'oubliez pas de porter un masque anti-poussières et des gants de protection si vous appliquez directement les oxydes sur les poteries. Lorsqu'un émail bleu est cuit à basse température, c'est-à-dire en dessous de 1 000 °C, le cobalt peut se libérer de l'émail. Il en va de même pour le sélénium et le cadmium qui ne se fixent pas définitivement dans les émaux dits de basse température. Dans les catalogues des fournisseurs, tout comme sur l'étiquette des emballages, ces émaux sont mentionnés comme non alimentaires.

La silice

L'argile et les émaux sont des composés de silice. Inhalées, ces fines particules se déposent dans les poumons et peuvent, à long terme, provoquer une maladie appelée silicose.
Portez un masque anti-poussières pour toutes les manipulations d'engobes et d'émaux sous forme de poudre. Veillez également à ne pas respirer la fine poussière dégagée lors d'un travail de finition au papier de verre sur de l'argile sèche.

Les émanations du four

Certains modèles de four sont isolés par des nappes de fibres céramiques. Ils sont légers et permettent une montée rapide en température. Mais lorsque les fibres s'effritent, les poussières inhalées sont toxiques et s'accumulent dans les poumons (les fours en briques réfractaires ne présentent pas cet inconvénient).
La cuisson engendre des émanations toxiques de produits de combustion. Une poterie est cuite au moins à 900 °C. À cette température, beaucoup de matériaux brûlent. D'une feuille de papier journal, par exemple, il ne restera que quelques cendres. Lors de la combustion, le composant carbone de la matière s'assemble à l'oxygène de l'air pour former du gaz carbonique (CO_2) et du monoxyde de carbone (CO). D'autres produits de combustion, comme ceux issus de résidus sulfurés, causent des émanations et dégagent de fortes odeurs désagréables.
Il va sans dire que le local dans lequel est placé le four doit être bien ventilé. Tout four est équipé, dans sa partie haute, d'une ouverture pour l'évacuation de la vapeur d'eau et des gaz de combustion. Certains modèles de fours peuvent être raccordés à un conduit en inox. L'évacuation de l'air se fait alors par convection naturelle vers l'extérieur. Vous pouvez également prévoir une extraction d'air à proximité du four. Les parois du four sont très chaudes lorsqu'il fonctionne et les déperditions de chaleur augmentent la température du local. La solution idéale consiste à placer le four dans une pièce séparée.

En résumé

Les règles élémentaires de sécurité se résument donc à une bonne ventilation du local, au dépoussiérage fréquent, au port d'un masque de protection pour manipuler les produits sous forme de poudre. Les enfants pourront modeler, peindre les poteries et appliquer les engobes. Les plus grands seront initiés à l'émaillage. Mais les adultes se réserveront la préparation des émaux et des engobes, ainsi que l'application des oxydes et la pulvérisation des émaux.
Il est, bien entendu, exclu de boire ou de manger dans un atelier de poterie.

TABLEAUX RÉCAPITULATIFS

Différents types de décoration et de cuisson

Ces tableaux illustrent les différentes manières de décorer et de cuire un pot en terre dite rouge, ou *terra cotta*. Cette terre allant de l'orangé au brun lorsqu'elle est humide, prend une belle teinte rouge brique après cuisson.

Ces exemples auraient pu être réalisés avec une terre de couleur différente. La blanche, notamment, est un excellent support pour la peinture et les engobes, ainsi que pour l'application des oxydes métalliques et des émaux.

L'émail est appliqué sur de la faïence, sa température de fusion est de 1 000 °C. Il est tour à tour bleu, transparent et blanc.

Sans cuisson

	Argile	Terre-papier	Argile autodurcissante
Mise en forme et empreintes			
Séchage			
Décor	*	*	**
	Ferme et friable	Ferme	Durcie
	Non alimentaire		

* Décor à la peinture acrylique, peinture céramique à froid ou gouache possible (ici peinture acrylique).
** Décor à la peinture acrylique, peinture céramique à froid, gouache, feutres ou crayons possible (ici peinture acrylique).

Avec cuisson

	Argile ou terre-papier						
Mise en forme et empreintes	bowl	bowl	bowl	bowl	bowl	bowl	bowl
Décor				*** bowl			
Séchage	bowl	bowl	bowl	bowl	bowl	bowl	bowl
Cuisson à 900 °C	bowl	bowl	bowl	bowl	bowl	bowl	bowl
Décor		** bowl			**** bowl	***** bowl	
Émaillage			bowl	bowl	bowl	bowl	bowl
Cuisson à 1000 °C			bowl	bowl	bowl	bowl	bowl
Décor							****** bowl
	Dure						
	Non alimentaire		À usage culinaire				Pas toujours alimentaire

** Décor à la peinture acrylique, peinture céramique à froid, gouache, feutres ou crayons possible (ici peinture acrylique).
*** Décor à l'engobe qui peut également être appliqué après la cuisson à 900 °C.
**** Décor à l'oxyde colorant (ici oxyde de fer).
***** Peinture décorative sous émail.
****** Décor possible à la peinture céramique à froid, feutres pour porcelaine, peinture décorative sur émail, couleurs vitrifiables.
À fixer selon la notice du fabricant (ici feutres pour porcelaine, cuisson de 20 minutes à 200 °C).

METTRE LES MAINS À LA PÂTE

Fort de vos premières expériences, vous allez maintenant guider des menottes encore malhabiles. Chacun des 50 ateliers présentés ici aborde la poterie sous l'une de ses multiples facettes. À vous de faire votre choix, en fonction des capacités et des aspirations de chaque enfant.

50 ATELIERS POUR RÉALISER 50 OBJETS

Pour l'enfant, modeler la terre doit être avant tout une découverte et un plaisir. Pour celle ou celui qui l'accompagne, des connaissances de base sont nécessaires afin de proposer des alternatives, combiner les différentes techniques de modelage et apporter des solutions aux problèmes rencontrés.

Pour des raisons de sécurité, afin de ne pas toucher ou inhaler les poudres d'oxyde colorant, d'engobe, d'émail et de terre, certaines manipulations doivent impérativement être faites par une personne avertie, portant un masque protecteur (voir La sécurité page 64).

Chacun des 50 thèmes proposés développe une particularité technique du travail de la terre et laisse la porte ouverte à une réalisation tout à fait personnelle.

Certains sujets sont utilitaires (plat, vase) ou décoratifs (tableau, collier), d'autres sont liés à l'étude approfondie d'un sujet (herbier, cadran solaire), d'autres encore font appel à l'imaginaire (monstre, bestiaire).

Les informations pratiques

Pour chaque projet vous trouverez des informations pratiques (sous forme de pictogrammes en haut de chaque page ou dans un encadré), que vous devrez lire attentivement afin de choisir au mieux l'atelier que vous allez diriger.

Le niveau de difficulté

Les difficultés de réalisation sont signalées par un diagramme à cinq niveaux : de 1 à 5. Le niveau concerné est alors coloré.

Il est important de progresser dans les niveaux de difficulté pour se familiariser avec l'argile et pouvoir ainsi aborder des réalisations de plus en plus complexes.

Le nombre de séances

Certains ateliers sont réalisables en une seule séance, d'autres nécessitent un temps de séchage ou encore une cuisson intermédiaire, ce qui demande deux à trois séances pour les finaliser. À vous de choisir, selon la place d'entreposage et le temps dont vous disposez.

La tranche d'âge

L'intérêt des enfants pour un thème varie selon leur âge. Trois niveaux d'ateliers répondent à l'évolution naturelle de la créativité enfantine. Cette classification est, bien sûr, purement indicative. Libre à vous de vous en inspirer ou pas, selon la maturité de vos potiers en herbe.

Le niveau 1 s'adresse aux enfants de 3 à 5 ans. Ils aiment toucher la terre, la déformer, la triturer et en empiler des morceaux. Ils modèlent volontiers des objets qu'ils connaissent ou alors mettent en forme tout un monde imaginaire.

Le niveau 2 s'adresse aux enfants de 6 à 9 ans. D'une créativité débordante et prêts à toutes les découvertes, ils se passionnent plus particulièrement pour les animaux et les petits modelages.

Le niveau 3 répond aux envies des plus grands. L'esthétique devient leur préoccupation principale. Leurs préférences s'orientent alors vers les objets utilitaires et décoratifs.

La taille
Trois tailles d'objet ont été déterminées en fonction de la taille de la main.

 Les jeunes enfants débutant devront d'abord se familiariser avec la terre en réalisant de petites pièces, qui tiennent dans la main.

 Ensuite, au fur et à mesure qu'ils acquièrent de nouvelles techniques, ils pourront passer à des objets de taille moyenne, comme un petit vase ou une assiette.

 Enfin, les plus expérimentés ou les plus âgés pourront réaliser des pièces plus volumineuses, qui demandent, par exemple, une certaine force physique ainsi qu'une bonne maîtrise du modelage et une certaine expérience du séchage.

La technique
Une poterie est réalisée à partir d'une technique de base du travail de la terre et de la décoration. Mais bien souvent différentes techniques se combinent pour une réalisation. Chaque étape est décrite en détail dans la première partie de l'ouvrage. N'hésitez pas à vous y reporter, pour y trouver des explications et des solutions aux éventuelles difficultés rencontrées par vos apprentis potiers !

La première séance
La première séance est une prise de contact. C'est l'occasion pour les participants d'échanger leurs prénoms et pour vous de faire les présentations au sein du petit groupe qui vient de se constituer. N'hésitez pas à montrer aux enfants quelques objets de la vie courante comme un bol, un pot de fleur, une sculpture. Ils leur permettront de visualiser des poteries et vous aideront à établir un dialogue. Tout de suite, la curiosité s'éveille, les langues se délient. Généralement, les questions fusent. C'est pour vous l'occasion idéale d'expliquer en quelques phrases ce qu'est la matière argile, où on la trouve, et de présenter le travail du potier.

Toucher la terre
Arrive ensuite le premier contact avec la terre. Chaque enfant dispose d'une boule d'argile pétrie qu'il va toucher, déformer. Faites-le parler de ses sensations : la terre est froide parce qu'elle est humide, un doigt enfoncé forme un trou, la terre s'écrase entre les doigts et s'étale, elle conserve la forme qu'on lui donne… Passées les premières impressions, une forme se précise, une idée émerge, avec l'envie d'aller plus loin.
C'est le moment de découvrir les différents outils et leur utilisation : le fil à couper glisse à travers l'argile qui se détache alors facilement. L'ébauchoir est plus précis qu'un doigt et la mirette permet d'enlever des lambeaux de matière. Et puis il y a tous ces objets de la vie courante comme la carte plastifiée qui lisse la surface ou le cure-dents qui permet de griffer, de dessiner et d'écrire sur l'argile. La collection s'enrichira au fil des séances.

La première réalisation
La réalisation de perles est toute indiquée pour s'entraîner à faire des boules et s'amuser à y imprimer différentes empreintes.
La réalisation d'un monstre est aussi un bon point de départ. En vous basant sur la technique du modelage dans la masse, vous abordez tout de suite l'assemblage d'éléments. Et la créativité la plus débridée est encouragée, puisque toutes les difformités sont permises !

Le déroulement d'une séance
Chaque enfant bénéficie d'un poste de travail délimité par une planche en bois aggloméré. Il y rassemble ses outils. À la maison, installez l'enfant à une table adaptée à sa taille et recouvrez-la d'une nappe plastifiée. Une planche sera alors nécessaire pour certains modelages. Évitez de modeler dans des pièces au sol recouvert de moquette ou d'un tapis. Faites porter à l'enfant un tablier ou des vêtements faciles à laver.
Le thème de l'atelier peut être illustré par une ou plusieurs poteries déjà réalisées, des livres, des photos… La discussion s'engage. La réflexion est suivie de la mise en forme. Une démonstration peut s'avérer utile pour la technique du colombin par exemple (voir page 31).

Distribuez aux plus jeunes une boule d'argile déjà pétrie qu'ils vont lancer plusieurs fois sur le plan de travail. Les plus grands peuvent pétrir l'argile (voir page 22). Pour réaliser un travail à la plaque (voir page 28), il est préférable de prélever de l'argile d'un pain neuf. L'enfant découvre tour à tour le plaisir de modeler, de laisser aller ses mains, de se détendre. Il se heurte aussi à des difficultés : au modelage qui s'écrase sous son propre poids, à la terre qui se fissure, au rajout qui se décolle. Il ne faut pas se décourager ! À vous de lui expliquer que l'argile donne droit à l'erreur. Elle est vite remise en boule, pétrie et réutilisée.

Le travail de la terre est une bonne école de la patience : il faut parfois attendre que la terre se raffermisse pour pouvoir poursuivre son travail. De même, il faut attendre qu'elle sèche, qu'elle cuise et qu'elle soit éventuellement émaillée.

Le respect du travail des autres est essentiel au bon déroulement d'un atelier.

Et puis vient le moment du rangement et du nettoyage : chaque enfant grave ses initiales, son prénom ou une marque personnelle sur la terre à l'aide d'un cure-dents. Il se passe du temps entre le séchage et la cuisson. Les pièces en attente sont rassemblées sur une grande planche, les assemblages vérifiés et l'ensemble est recouvert de plastique afin de ralentir le séchage.

Les restes de terre molle sont ensuite rassemblés, pétris et enroulés dans un chiffon mouillé et du plastique. La terre desséchée est placée dans le pot de barbotine.

Le matériel est lavé et la planche essuyée avec un chiffon mouillé. Tous les nettoyages se font au-dessus d'une bassine placée dans l'évier. La plus grosse partie des particules d'argile se déposera dans le fond évitant ainsi de boucher le siphon.

Âges et techniques

Modelage dans la masse	à partir de 3 ans
Évidement	à partir de 6 ans
Plaque simple	à partir de 4 ans
Plaques assemblées	à partir de 8 ans
Colombin	à partir de 7 ans
Tournage	à partir de 8 ans
Émaillage	à partir de 9 ans

Une séance libre

Après quelques séances, lorsque les techniques de base ont été abordées, vous pouvez proposer à l'enfant de réaliser un modelage personnel qui lui tient à cœur. Il trouve alors rapidement une solution pour y parvenir.

De la même manière, après s'être essayé aux diverses techniques, il lui est aisé d'aborder un modelage sur un thème plus général en s'inspirant par exemple des scènes de la vie quotidienne : la maison, la famille, une fête… Ou en évoquant un sentiment comme la joie ou la douleur. Autre idée, l'illustration d'une histoire, d'une fable ou d'un conte. La musique, le sport peuvent aussi être traités. La liste des sujets d'inspiration est illimitée !

Modeler selon les lieux et les occasions

À l'école maternelle

Les séances d'initiation au modelage doivent être de courte durée, de l'ordre de 20 à 30 minutes. Les enfants modèlent par petits groupes de six. Les travaux de petite taille, à l'exception des réalisations à la plaque, peuvent s'effectuer sur une nappe plastifiée.

La maîtresse explique.

Precilla, Magalie, Tatiana et Lisa modèlent les perles.

Le collier est terminé.

À la maison

Un après-midi récréatif peut facilement s'improviser autour de la découverte d'un gisement d'argile, lors d'une balade. Après avoir collecté de la glaise, le modelage devient jeu. Les enfants s'en donnent à cœur joie, les plus âgés aident les plus jeunes.

Juliette et Geoffrey ramassent l'argile dans la forêt.

Ils la rapportent à la maison dans une bassine.

Ils la modèlent avec Nicolas, Cléo, Sébastien et Léo.

À l'atelier de poterie

C'est à l'atelier que les enfants découvrent le four, le matériel du potier et des objets en cours de réalisation. Ils comprennent très vite qu'il y a différentes techniques de modelage et de décoration. Ils ont soif d'apprendre et s'appliquent à créer de leur main des objets dont ils seront fiers.

Les enfants écoutent les explications.

Chloé rapporte un élément.

Aline observe Floriane qui peint son pot.

Lauria et Nicolas modèlent un pot.

Andréa peint à l'engobe.

Victor a terminé son pot.

EMPREINTE DE MAIN

Laisser son empreinte dans l'argile permet de conserver une trace palpable de son enfance et d'ainsi évaluer plus tard sa croissance.

Techniques utilisées
Plaque / Empreintes

Matériel
- 500 g d'argile rouge avec chamotte de 0,5 mm
- 1 carré de toile de jute de 20 x 20 cm

Les débuts de Floriane, 6 ans.

Remarque
Pour un très jeune enfant, l'utilisation d'une terre bien molle facilite la prise d'empreinte.

Réalisation
1 - Rouler la terre bien pétrie sur la table pour obtenir une boule.
2 - Poser la boule sur la toile de jute et frapper avec la paume de la main, jusqu'à ce qu'elle prenne la forme d'une galette d'un bon centimètre d'épaisseur.
3 - Main posée bien à plat sur la terre, appuyer fortement sur les doigts avec l'autre main et s'aider du poids du corps pour bien imprimer la marque.
4 - Presser maintenant la toile de jute sur le dessus, contre la surface de la terre encore molle. Le dessin des fibres crée un contraste et met en valeur l'empreinte de la main.
5 - Laisser sécher une semaine à l'air libre.
6 - Procéder à une cuisson de biscuit à environ 800 °C.

Pense-bête
Se passer de cuisson, ou cuire 100 à 200 °C en dessous de la température conseillée, permet de limiter le retrait de l'empreinte à celui du séchage de la terre qui est déjà de l'ordre de 5 %.

MOBILE

Écrasée entre les doigts, la terre s'étale finement. Elle devient légère et mobile et permet de réaliser de petits objets délicats.

Techniques utilisées
Modelage dans la masse par pression / Empreintes

Matériel
- 50 à 100 g d'argile rouge avec chamotte allant jusqu'à 0,5 mm
- Matériel pour empreintes
- 1 paille fine
- 1 bobine de fil
- 1 branche d'arbre

Réalisation

1 - Arracher de petits bouts de terre dans la masse.
2 - Les écraser entre les doigts et pincer le pourtour pour enlever l'argile superflue.
3 - Marquer des empreintes avec l'ongle, un ébauchoir, un cure-dents, au choix...
4 - Percer au travers de chaque pièce un trou de suspension avec une paille fine.
5 - Laisser sécher pendant deux jours à l'air libre.
6 - Procéder à une cuisson de biscuit à température conseillée pour l'argile.

Finition

7 - Couper des morceaux de fil d'environ 50 cm et nouer chaque élément en passant un bout du fil dans le trou. Attacher ensuite l'autre bout à la branche.

Remarque
Il est intéressant d'offrir une unité au mobile en traitant un sujet particulier. Ici celui de l'arbre associe branche et feuilles.

Idée
L'utilisation de terres de couleurs variées permet d'animer et de rythmer une composition.

Mobile réalisé par l'atelier de la section des grands en maternelle.

BOUGEOIR

Première approche de la poterie utilitaire avec un bougeoir facile à réaliser qui prendra sa place dans le décor familial et fera l'admiration de tous.

> **Techniques utilisées**
> Modelage dans la masse par pression et enfoncement / Empreintes
>
> **Matériel**
> - Par bougeoir : 200 g d'argile rouge avec chamotte de 0,5 mm
> - 1 planche en aggloméré de 30 x 30 cm
> - 1 bougie
> - Matériel pour empreintes (fourchette, tampon à récurer, cœur de pavot séché...)
> - 1 sac plastique

Réalisation

1 - Rouler la terre pétrie sur la planche pour obtenir une boule.
2 - Frapper la boule sur la planche pour aplatir la base.
3 - Laisser la boule telle quelle (photo 1) ou la mettre en forme selon le type de bougeoir recherché (photos 2, 3 et 4).

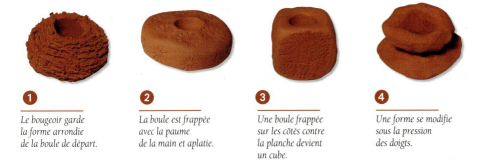

❶ Le bougeoir garde la forme arrondie de la boule de départ.

❷ La boule est frappée avec la paume de la main et aplatie.

❸ Une boule frappée sur les côtés contre la planche devient un cube.

❹ Une forme se modifie sous la pression des doigts.

4 - Enfoncer la bougie dans la boule, puis la retirer en lui donnant un mouvement de rotation.

Décoration

5 - Laisser le bougeoir tel quel (photo 4) ou le décorer. Pour cela, utiliser la technique des empreintes. Plusieurs possibilités sont envisageables et combinables :
– la terre est striée avec une fourchette (photo 1) ;
– elle est marquée avec divers objets, comme ici un tampon à récurer (photo 3) ;
– elle est marquée par des végétaux, ici un cœur de pavot séché (photo 2).

Finition

6 - Vérifier à l'aide de la bougie que le trou d'ouverture ne s'est pas déformé lors de la décoration.
7 - Placer le bougeoir sur la planche et le recouvrir d'un sac plastique pour ralentir le séchage. Après dix jours, enlever le plastique et laisser sécher encore une semaine à l'air libre.
8 - Procéder à une cuisson de biscuit à température de maturation de l'argile.

Attention

Veillez à ce que le trou formé par la bougie soit assez grand car sa taille diminuera au séchage et à la cuisson.

PUZZLE

Composer un dessin et le morceler pour le reconstruire par la suite. La difficulté de réalisation du puzzle varie en fonction de ses dimensions et du nombre de ses pièces.

Techniques utilisées
Plaque / Empreintes

Matériel
- 500 g d'argile rouge avec chamotte de 0,5 mm
- 2 planches en aggloméré de 40 x 40 cm
- 1 rouleau
- 2 lattes de 5 mm d'épaisseur
- 1 couteau en plastique
- 1 cure-dents
- 1 morceau de papier de verre à grain moyen

Réalisation

1 - Placer parallèlement les deux lattes sur la planche. Poser une boule de terre pétrie ou provenant d'un pain neuf, entre les lattes.

2 - Étaler l'argile à l'aide d'un rouleau en le déplaçant dans le sens des lattes (voir page 28). Décoller régulièrement la terre du support.

3 - Poser la plaque étalée sur la planche retournée qui est sèche, et recouper éventuellement le contour au couteau. Lisser les bords avec les doigts.

4 - Graver un dessin à l'aide d'un cure-dents.

5 - Découper le puzzle en morceaux à l'aide du couteau.

6 - Poser une autre planche en bois sur le puzzle, sans le comprimer. Le laisser ainsi une semaine jusqu'à ce qu'il soit sec, il ne se déformera pas. Retirer délicatement la planche du dessus, l'argile sèche est fragile.

Conseil
Si l'argile se déforme lors de la découpe, laissez-la se raffermir un peu à l'air libre avant de continuer.

Finition

Les finitions doivent être réalisées par un adulte.

7 - Si nécessaire, poncer les champs des pièces du puzzle à l'aide du papier de verre tout en portant un masque protecteur.

8 - Procéder à une cuisson de biscuit à la température conseillée pour l'argile.

Puzzle dessiné par Patrice, 5 ans.

POISSON

Une première approche du thème de l'animal, encore proche du dessin en deux dimensions.

Techniques utilisées
Plaque / Empreintes / Engobe / Émaillage

Matériel
- 250 g d'argile blanche avec chamotte de 0,5 mm
- 2 planches en aggloméré de 30 x 30 cm
- 1 rouleau
- 2 lattes de 5 mm d'épaisseur
- 1 cure-dents
- 1 couteau en plastique
- Engobes (ici jaune, rouge et noir)
- 1 pinceau
- 1 dl d'émail transparent pour faïence (à verser)
- 1 spatule plate
- 1 récipient à bec verseur

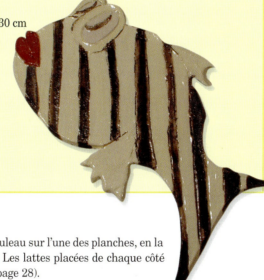

Réalisation
1 - Étaler la terre pétrie à l'aide du rouleau sur l'une des planches, en la soulevant régulièrement du support. Les lattes placées de chaque côté de la plaque servent de guides (voir page 28).
2 - Poser la plaque sur une partie sèche de la planche ou retourner cette dernière.
3 - Dessiner le poisson avec un cure-dents et découper le contour au couteau.
4 - Placer le poisson entre deux planches sans le comprimer. Le laisser ainsi quelques jours, puis enlever la planche du dessus et terminer le séchage 3 jours à l'air libre.
5 - Faire une cuisson de biscuit à 900 °C.

Décoration
6 - Appliquer les engobes colorés tour à tour au pinceau (voir page 55). Gratter les bavures éventuelles et effectuer les retouches nécessaires. L'engobe doit bien couvrir la terre. S'il fait des « paquets », il faut le diluer davantage.

Finition
Les finitions doivent être réalisées par un adulte.
7 - Verser une fine couche d'émail transparent soigneusement mélangé (voir page 59) sur l'engobe, essuyer l'arrière de la plaque.
8 - Cuire une seconde fois à environ 1 000 °C selon la température indiquée pour l'émail.

Pense-bête
Une pièce engobée peut être réalisée en une seule séance, mais sa manipulation sera moins aisée. Posez alors les engobes sur l'argile humide, de préférence à consistance du cuir. Après le séchage et la cuisson de biscuit, procédez à la pose de l'émail transparent et à sa cuisson.

DÉCORS À L'EMPORTE-PIÈCE

Étaler la terre, la découper, jouer avec les formes et les surfaces permet d'explorer les innombrables possibilités de décors.

Techniques utilisées
Plaque / Empreintes / Polissage

Matériel
- Pour 10 décors : 250 g d'argile rouge avec chamotte allant jusqu'à 0,5 mm
- 1 planche en aggloméré de 30 x 30 cm
- 1 rouleau
- 2 lattes de 3 mm d'épaisseur
- 1 jeu d'emporte-pièces
- Matériel pour empreintes (cure-dents, tissu, clou de girofle…)
- 1 petite cuillère
- 1 paille fine

Réalisation
1 - Étaler la terre pétrie sur la planche avec le rouleau, les lattes servant de guides (voir page 28). Détacher fréquemment la terre du support.
2 - Poser la plaque terminée sur la surface sèche de la planche retournée.
3 - Découper les formes à l'emporte-pièce. Les alléger éventuellement par des découpes intérieures.

Décoration
4 - Décorer les formes, les laisser telles quelles (photo 1) ou les polir (voir page 54) avec le dos d'une petite cuillère (photo 2). La technique des empreintes permet de laisser une trace sur la terre de multiples façons :
– grattée avec un cure-dents (photos 3 et 4) ;
– frappée avec l'angle du bord d'une latte (photos 5 et 6) ;
– marquée de l'empreinte d'un cure-dents cassé en deux (photo 7) ;
– tramée avec un tissu (photo 8) ;
– piquée avec un clou de girofle (photo 9).

Finition
5 - Percer un trou d'accrochage avec une paille et laisser sécher pendant trois jours.
6 - Procéder à une cuisson de biscuit à température de maturation de l'argile.

Idées
Ces motifs en terre peuvent s'accrocher au mur, composer un mobile, orner un sapin, embellir un paquet-cadeau…

Remarque

Vous donnerez aux jeunes enfants des emporte-pièces en plastique conçus pour le modelage. Sinon vous pouvez utiliser des emporte-pièces métalliques qui servent en pâtisserie à la découpe des petits gâteaux. Il en existe également de très petite taille, utilisés par les cuisiniers pour faire des décors, ils permettent de faire des découpes intérieures.

PENDENTIFS

L'expérimentation d'un modelage de petite taille demande de l'application, de la minutie et une certaine dose d'imagination.

Techniques utilisées
Plaque ou modelage dans la masse / Empreintes
Matériel
• Par pendentif : 20 g d'argile rouge à chamotte allant jusqu'à 0,5 mm • 1 planche en aggloméré de 30 x 30 cm • 1 rouleau • 2 lattes de 3 mm d'épaisseur • 1 couteau en plastique • Divers matériaux pour empreintes (feuilles vertes, filet, cure-dents, ardoise…) • 1 paille fine

Réalisation

1 - Mettre en forme la terre. Il existe différentes façons de faire :
– Former une petite boule de terre puis l'aplatir en tapant avec la paume de la main (photo 9). Une fois aplatie, pincer le pourtour avec les doigts (photo 1).
– Écraser l'argile entre les doigts pour s'approcher de la forme recherchée (photos 3 et 7).
– Étaler l'argile posée sur une planche au rouleau, en utilisant les lattes comme guides (voir page 28). Le pendentif devient fin et régulier, couper ensuite la forme au couteau (photos 2, 4 et 5).
– Jeter un bout de terre plusieurs fois sur le plan de travail (photo 6).
– Modeler le pendentif dans la masse (photo 8).

Astuce
Le trou pour l'attache percé à l'aide d'une baguette en bois repousse la terre et engendre une déformation. Avec une paille, le surplus de terre est enlevé et le modelage reste en place.

❶

❷

❸

Décoration

2 - Décorer les pendentifs grâce à la technique des empreintes. Une grande diversité est possible :
– empreintes de végétaux, ici lierre terrestre (photo 1) et feuille de chêne (photo 5);
– empreinte de filet (photo 4);
– empreintes diverses au cure-dents : pris sur sa longueur (photo 2, 3 et 7), cassé en deux (photo 2) ou piqué (photo 7);
– bords striés avec un bout d'ardoise (photo 6);
– motif gravé avec la pointe d'un cure-dents (photo 9).

Finition

3 - Percer un trou dans les pendentifs avec une paille et les mettre à sécher pendant trois jours à l'air libre.
4 - Procéder à une cuisson de biscuit à la température indiquée sur le pain d'argile.

Idée
Un pendentif peut devenir une médaille et commémorer un évènement ou un exploit sportif.

Pense-bête
Si vous n'avez pas de possibilités de cuisson, réalisez les pendentifs en argile autodurcissante. Vous pourrez les porter sans crainte, ils ne sont pas fragiles.

COLLIER DE PERLES

S'entraîner à réaliser des petites boules qui deviendront des perles. La sphère, plus ou moins grosse, est le point de départ de nombreux modelages.

Techniques utilisées

Modelage dans la masse par pression / Empreintes

Matériel
- 100 g d'argile rouge et noire, lisse ou à chamotte ne dépassant pas 0,5 mm
- 1 brochette en bois
- Matériel pour empreintes (fourchette, latte…)
- 1 fine lanière en cuir de 50 cm de long

Remarque

Veillez à ce que la lanière sur laquelle seront enfilées les perles soit plus fine que la baguette en bois. La terre rétrécit au séchage et à la cuisson, la taille des trous aussi !

Pense-bête

Un fil Kanthal, supportant les températures élevées du four, permet à chaque enfant de rassembler ses perles. Vous le trouverez au mètre chez les fournisseurs de produits céramiques. L'une des perles portera les initiales ou le nom de l'enfant. Faites une boucle au bout de ce fil métallique et, une fois les perles enfilées, glissez l'autre extrémité du fil dans la boucle. Ainsi les perles ne se dissémineront pas dans le four.

Réalisation

1 - Prendre un petit bout de terre dans la paume d'une main et le rouler avec le bout des doigts de l'autre main, ou paume contre paume.
La forme de la boule varie selon le geste :
– en appuyant sur la boule tout en la roulant d'avant en arrière avec la paume de la main sur le plan de travail, elle s'allonge (1);
– écrasée entre deux doigts, la boule s'aplatit (2);
– pincée du bout des doigts, la boule change de forme (3);
– la boule allongée est tapotée sur le plan de travail, elle s'aplatit sur les côtés (4).

Décoration

2 - Enfiler la perle sur une baguette en bois pour pouvoir la décorer. Afin de limiter les déformations, enfoncer la baguette en lui donnant un mouvement de rotation, comme pour visser. Il existe de nombreuses méthodes pour décorer une perle :
– striée à la fourchette (5);
– frappée avec l'arête d'une latte (6);
– roulée et appuyée contre l'angle de la table (7);
– marquée d'empreintes, comme par exemple celle laissée par l'extrémité plate d'une brochette en bois (8)…
3 - Retirer la baguette et confectionner d'autres perles.
4 - Laisser sécher les perles pendant quelques jours à l'air libre.
5 - Procéder à une cuisson de biscuit à la température conseillée pour l'argile.

Finition

6 - Enfiler les perles sur la lanière pour former le collier.

TÊTE DE LION

S'exercer à nouer et à associer deux matières différentes. Le raphia, comme d'autres matériaux, se marie fort bien à la terre.

Techniques utilisées
Plaque / Empreintes

Matériel
- 100 g d'argile rouge avec chamotte de 0,5 mm
- 1 planche en aggloméré de 30 x 30 cm
- 1 couteau en plastique
- 1 cure-dents
- 1 paille
- 4 m de raphia
- 1 paire de ciseaux

Réalisation
1 - Étaler une boule de terre pétrie sur la planche, tout en la frappant avec la paume de la main.
2 - La découper, si nécessaire, avec un couteau en plastique pour lui donner la forme arrondie d'une tête de lion.
3 - Marquer les yeux, le nez et la bouche en griffant la terre avec un cure-dents.
4 - Percer tout autour des trous avec la paille en veillant à rester à 1 cm du bord.
5 - Laisser sécher une semaine à l'air libre.
6 - Effectuer une cuisson de biscuit à bonne température pour l'argile.

Finition
7 - Couper aux ciseaux des brins de raphia de 15 cm de long.
8 - Plier chaque morceau en deux, enfiler les extrémités dans un trou par l'arrière de la tête de lion et les glisser dans la boucle formée. La crinière du lion se déploie.

Astuce
En perçant les trous, la paille se remplit de terre. Mieux vaut donc la couper au préalable en petits bouts de 5 cm de long. Il sera pratique d'en changer au fur et à mesure qu'ils se bouchent.

PREMIER TABLEAU

Utiliser la terre comme un support pour une composition dessinée et peinte.

Techniques utilisées

Plaque / Empreintes / Engobe / Émaillage

Matériel

- 300 g d'argile rouge avec chamotte de 0,5 mm
- 2 planches en aggloméré de 30 x 30 cm
- 1 rouleau
- 2 lattes de 5 mm d'épaisseur
- 1 couteau en plastique
- 1 cure-dents
- 1 paille
- Engobes de couleurs variées
- 1 pinceau rond par pot d'engobe
- 1 dl d'émail transparent pour faïence (à verser)
- 1 spatule plate
- 1 récipient à bec verseur

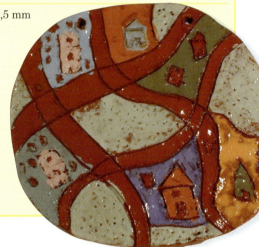

Œuvre de Claire, 7 ans.

Réalisation

1 - Étaler la terre pétrie sur une planche à l'aide du rouleau et en vous guidant avec les lattes (voir page 28). Penser à la soulever de temps à autre afin qu'elle ne reste pas collée sur le plan de travail.
2 - Retourner la planche pour poser la plaque sur une surface sèche. Après une découpe à la forme souhaitée, lisser les bords du bout des doigts.
3 - Dessiner le motif avec un cure-dents.
4 - À l'aide d'une paille, percer les deux trous de suspension.
5 - Laisser sécher entre les deux planches pendant une semaine, puis finir le séchage à l'air libre jusqu'à ce que la terre s'éclaircisse.
6 - Procéder à une première cuisson à 900 °C.

Décoration

7 - Appliquer les engobes au pinceau (voir page 55). Leur dilution est correcte lorsqu'ils couvrent la couleur de la terre sans craqueler en séchant. Sur le tableau, la couleur des chemins est celle de la terre rouge non engobée.

Finition

Les finitions doivent être réalisées par un adulte.
8 - Verser une fine couche d'émail transparent soigneusement mélangé sur les engobes (voir page 59). Essuyer l'arrière du tableau avec un chiffon mouillé.
9 - Procéder à une seconde cuisson à la température indiquée pour l'émail.

Pense-bête
Si vous ne disposez pas de four, le tableau une fois sec peut être peint à la gouache et verni. Si vous utilisez de la peinture acrylique, le rendu des couleurs sera bien meilleur avec de la terre blanche.

PRESSE-PAPIERS

Aborder la technique des terres mêlées permet de visualiser l'effet du pétrissage.

Techniques utilisées
Modelage dans la masse par pression / Polissage

Matériel
- 150 g d'argile noire et 250 g d'argile blanche à chamotte ne dépassant pas 0,5 mm et à température de cuisson identique
- 1 petite cuillère
- 1 sac plastique

Différentes couches de terre empilées.

Réalisation

1 - Préparer deux boules de terre noire et trois boules de terre blanche. Les aplatir en les écrasant avec la paume de la main, pour obtenir des palets de 1 cm d'épaisseur.
2 - Empiler soigneusement les palets les uns sur les autres, en alternant les couleurs de terre et en évitant les inclusions d'air.
3 - Pétrir l'ensemble sans insister pour que les différentes couleurs de terre restent bien visibles.
4 - Prélever des bouts de terre dans la masse et les lancer sur le plan de travail plusieurs fois de suite afin de leur donner une forme.
5 - Laisser les presse-papiers se raffermir pendant quelques jours recouverts d'un sac plastique. Leur surface doit devenir ferme, à peine humide.

Finition

6 - Les frotter vigoureusement avec le dos d'une petite cuillère ou une pierre polie. Leur surface devient lisse et brillante.
7 - Poursuivre le séchage encore deux semaines en les couvrant partiellement de plastique et une dizaine de jours à l'air libre.
8 - Procéder à une cuisson de biscuit à la température indiquée pour les terres choisies.

Idée
Pour renforcer l'aspect satiné de la surface, cirez-la puis lustrez-la avec un chiffon après cuisson.

DÉCOR POUR VÉGÉTAUX

Créer un décor émergeant de la terre dans un arrangement floral, une plante verte ou un jardin paysager. Associer avec humour l'animal au végétal, le ciel à la terre...

Techniques utilisées
Modelage dans la masse par pression / Empreintes

Matériel
- 50 à 100 g d'argile rouge avec chamotte de 0,5 mm
- Matériel pour empreintes
- 1 bâton support de 20 cm de long et 5 mm de diamètre
- 1 sac plastique

Réalisation

1 - Modeler une petite boule de terre pétrie, par pression et pincement des doigts pour lui donner la forme désirée.

2 - Apposer éventuellement des éléments de décor :
– marquer la terre d'empreintes, comme ici un bout d'écorce appuyé contre la surface du soleil ;
– rajouter des petits bouts de terre écrasée et humectée comme les yeux de la grenouille.

3 - Percer un trou en dessous de l'objet avec le bâton. Agrandir légèrement le trou en déplaçant le bâton, afin de compenser le retrait de la terre au séchage et à la cuisson.

4 - Faire sécher la pièce une semaine partiellement couverte d'un sac plastique, puis enlever le plastique et laisser encore sécher une semaine.

5 - Procéder à une cuisson de biscuit à température de maturation de l'argile.

Finition

6 - Enfoncer le bâton dans le trou prévu à cet effet. Support du décor, il sera ensuite piqué dans la terre.

Pense-bête
Si le décor est destiné à l'extérieur, donc exposé aux intempéries, utilisez du grès qui sera cuit aux alentours de 1 280 °C. En effet, la faïence, plus poreuse, absorberait l'eau de pluie et finirait par se fissurer lors des gelées.

Le retour du printemps par des enfants du CP.

BAS-RELIEF

Travailler une œuvre entre dessin et sculpture : le dessin prend ici de la profondeur, sans toutefois atteindre la complexité d'une réalisation en trois dimensions.

Techniques utilisées
Modelage dans la masse par retrait / Empreintes

Matériel
- 2 à 3 kg d'argile rouge à chamotte de 0,5 mm
- 1 planche en aggloméré de 30 x 30 cm
- 1 cure-dents
- 1 mirette ou éventuellement 1 petite cuillère
- 1 sac plastique

Réalisation

1 - Pétrir soigneusement l'argile ou la prélever sur un pain neuf.
2 - Frapper la terre sur une planche et lui faire prendre progressivement une forme rectangulaire d'une épaisseur de 5 cm.
3 - Dessiner un motif avec un cure-dents.
4 - Creuser la terre à l'aide de la mirette, le volume apparaît. Travailler le motif en jouant sur les variations de niveaux et d'empreintes sur la surface de la terre.
5 - Au besoin, remettre de la terre pour redonner du relief en la plaquant par petits morceaux.
6 - Poser un sac plastique sur le bas-relief et laisser sécher deux semaines. Découvrir et finir le séchage une semaine à l'air libre.
7 - Procéder à une cuisson de biscuit à la température conseillée pour l'argile.

Remarque
Une terre un peu ferme est plus facile à creuser car elle se déforme moins.

Bas-relief de Jessica, 9 ans.

Encoche.

Pense-bête
Afin d'accrocher un bas-relief, souvent épais et lourd, il convient de creuser, à l'arrière, des encoches dans la terre encore humide qui reposeront ensuite sur des supports fixés au mur.

CACHE-POT

Approcher la technique de l'estampage qui consiste à faire prendre à la terre à la fois la forme et le décor du moule dans lequel elle est appliquée.

Techniques utilisées
Modelage dans la masse par ajout / Émaillage

Matériel
- 500 g de grès brun à chamotte de 0,5 mm
- 1 petit panier en osier de forme légèrement évasée
- 5 cl d'émail pour grès prêt à l'emploi
- 1 cuillère
- 1 brosse plate

Remarque

La terre doit être suffisamment molle pour que les morceaux plaqués fassent corps par simple pression.

Attention

Si les enfants sont trop jeunes (moins de 10 ans), c'est à un adulte de procéder à l'émaillage. L'émail peut alors être un émail liquide courant qui sera versé dans le cache-pot et vidé aussitôt (voir page 59).

Réalisation

1 - Arracher des petits bouts à la masse d'argile. Les plaquer les uns contre les autres sur le fond du panier puis sur les côtés à l'aide du pouce. Les faire se chevaucher légèrement et couvrir ainsi toute la surface de l'intérieur du panier.
2 - Lisser l'argile avec les doigts, sans insister, car la terre ne doit ni s'incruster, ni traverser le panier.
3 - Vérifier que le bord supérieur ne déborde pas du panier, sans cela il serait freiné dans son retrait lors du séchage, ce qui entraînerait des fissures.
4 - Laisser sécher ainsi quelques jours, jusqu'à ce que la terre se rétracte et se détache du moule. Retirer le panier et laisser sécher encore une semaine à l'air libre.
5 - Procéder à une cuisson de biscuit à 900 °C.

Finition

6 - Mélanger la suspension d'émail visqueuse et en appliquer une couche à l'aide de la brosse plate (voir page 59) à l'intérieur du cache-pot afin d'assurer son étanchéité. Laisser sécher 10 minutes et poser une seconde couche croisant la première.
7 - Faire une cuisson d'émail aux alentours de 1 280 °C selon la spécificité de l'émail utilisé.

Montage du cache-pot.

ANIMAUX

Travailler progressivement pour faire apparaître un animal par simple pression des doigts sur un bout de terre.

Techniques utilisées
Modelage dans la masse par pression / Empreintes

Matériel
- Par animal : 100 g d'argile rouge avec chamotte de 0,5 mm
- 1 cure-dents
- 1 fourchette
- 1 sac plastique

Réalisation

1 - Travailler l'argile pétrie de à faire surgir une forme animale :
– Le serpent : un simple boudin de terre long et régulier est enroulé partiellement. Marquer les yeux et la bouche avec un cure-dents.
– Le hérisson : une boule est pincée pour faire ressortir la tête, puis aplatie à la base en la tapotant sur le plan de travail. Les piquants s'obtiennent en déchiquetant la surface de la terre avec les dents d'une fourchette.
– Le canard : allonger une boule par pression des doigts, dégager la tête du corps, puis le bec de la tête. Le décor est fait au cure-dents.
– La coquille d'escargot : un boudin de terre allongé et régulier est roulé en insistant sur l'un des côtés afin qu'il devienne conique. Il est ensuite enroulé sur lui-même. Si la terre se fendille, la lisser avec un doigt mouillé.

2 - Poser un sac plastique sur les animaux pour le séchage. Après deux semaines, découvrir et laisser sécher encore une semaine à l'air libre.

3 - Procéder à une cuisson de biscuit à la température conseillée pour l'argile.

Pense-bête
Pour alléger un modelage épais et en faciliter le séchage, creuser le dessous avec une petite cuillère ou une mirette (voir page 45).

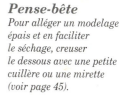

BONBONNIÈRE

Allier le concept du contenu à celui du contenant, du grand et du petit, de l'utilitaire et du comestible.

Techniques utilisées
Plaque / Empreintes

Matériel
- 500 g d'argile rouge avec chamotte de 0,5 mm
- 1 planche en aggloméré de 40 x 40 cm
- 1 rouleau
- 2 lattes de 5 mm d'épaisseur
- 1 couteau en plastique
- 1 bout d'écorce

Réalisation

1 - Poser sur la planche une boule de terre pétrie ou prélevée sur un pain neuf et placer une latte de chaque côté. L'étaler en longueur au rouleau dans le sens des lattes jusqu'à ce que le rouleau les touche (voir page 28). Soulever régulièrement l'argile du support.

2 - Couper à l'aide du couteau un grand rectangle dans la plaque.

3 - Retravailler les bords en pinçant la terre avec les doigts ou en les lissant avec une éponge humide pour enlever la trace du couteau.

4 - Resserrer les extrémités pour donner à l'ensemble la forme d'un papier d'emballage de bonbon ouvert.

5 - Presser le bout d'écorce contre l'argile pour lui imprimer des marques décoratives.

6 - Laisser sécher la bonbonnière à l'air libre durant une dizaine de jours.

7 - Procéder à une cuisson de biscuit à température de maturation de l'argile.

Astuce

Pour bien maintenir le modelage en place jusqu'à ce qu'il se raffermisse, rembourrez l'intérieur et entourez l'extérieur de papier froissé. Enlevez le papier avant de procéder à la cuisson afin d'éviter d'inutiles fumées.

PORTE-CRAYON

Réaliser à partir de boules de terre une petite poterie destinée à recevoir un crayon ou un stylo.

Techniques utilisées
Modelage dans la masse par pression, ajout et enfoncement

Matériel
- 250 g d'argile rouge avec chamotte de 0,5 mm
- 1 cure-dents
- 1 pot de barbotine d'argile rouge
- 1 pinceau usagé
- 1 crayon
- 1 sac plastique

Réalisation

1 - Réaliser un modelage plus ou moins élaboré en mettant en forme des boules d'argile pétrie de tailles différentes.
2 - Pour assembler les parties, strier au cure-dents les zones de contact et enduire avec le pinceau de barbotine les surfaces qui se touchent avant de les presser l'une contre l'autre.
3 - Creuser les yeux avec la partie plate d'un cure-dents cassé en deux.
4 - Creuser ensuite l'ouverture en enfonçant profondément le crayon. Agrandir le trou à l'aide du crayon afin de compenser le retrait de la terre au séchage et à la cuisson.
5 - Laisser sécher deux semaines la pièce recouverte partiellement d'un sac plastique, puis découvert durant une dizaine de jours.
6 - Procéder à une cuisson de biscuit à la température requise pour l'argile.

Astuce
Pour éviter les rayures sur les meubles, coller sous les poteries du velours adhésif ou des rondelles de feutrine.

ASSIETTE DÉCORATIVE

Une assiette recouverte d'émail blanc présente une belle surface pour le dessin ou la peinture. Elle sera accrochée au mur ou posée sur un meuble à l'aide d'un support à assiette, pareillement à une pièce de collection.

Techniques utilisées
Plaque / Émaillage / Peintures décoratives

Matériel
- Entre 300 et 600 g d'argile blanche avec chamotte de 0,5 mm selon la taille de l'assiette
- 1 planche en aggloméré de 40 x 40 cm
- 1 rouleau
- 2 lattes de 5 mm d'épaisseur
- 1 assiette en carton
- 1 couteau en plastique
- 1 éponge
- 5 à 10 dl d'émail blanc adapté à l'argile (quantité minimale pour procéder par trempage)
- 1 spatule plate
- 1 pince à émailler
- 1 assortiment de feutres pour céramique ou porcelaine
- 1 support pour assiette (à poser ou à accrocher)

Remarque
Les enfants soigneux pourront poser eux-mêmes deux couches d'émail blanc prévu pour être appliqué au pinceau (voir page 59). Ne pas mettre d'émail sur la base qui repose dans le four.

Pense-bête
L'assiette peut également être décorée avec des peintures décoratives (voir page 57) à poser sur l'émail blanc et à fixer là aussi par une cuisson. Une autre technique de décoration, moins onéreuse, consiste à appliquer sur la terre des engobes et à recouvrir l'ensemble d'émail transparent (voir page 55).

Réalisation

1 - Étaler la terre pétrie sur la planche à l'aide du rouleau, les lattes servant de guides (voir page 28). La terre doit être soulevée fréquemment du support pour ne pas coller sur le plan de travail.
2 - Poser l'assiette en carton à l'envers sur la plaque et couper tout autour le surplus de terre avec un couteau.
3 - Retourner le tout et presser doucement la terre contre l'assiette.
4 - Lisser la surface, et surtout le bord, avec une éponge humide.
5 - Laisser sécher une semaine à l'air libre. L'assiette peut être retirée dès lors que la terre s'est affermie.
6 - Procéder à une cuisson de biscuit à 900 °C.

Assiette coloriée par Patrice, 10 ans.

Support pour poser l'assiette.

Assiette décorée par Patrice, 14 ans.

Support d'accrochage au dos de l'assiette.

Finition
Les finitions doivent être réalisées par un adulte.
7 - Mélanger soigneusement avec la spatule l'émail blanc à consistance un peu crémeuse. Tremper l'assiette tenue par une pince dans le bain d'émail et la retirer immédiatement. Poser l'assiette sur la table et laisser sécher 15 minutes. Essuyer la base avec une éponge mouillée.
8 - Procéder à une seconde cuisson, selon la température requise pour l'émail.

Décoration
9 - Décorer l'assiette aux feutres pour céramique.
10 - Une nouvelle cuisson, aux alentours de 200 °C, fixera le décor (la température et la durée exacte de cette cuisson sont indiquées sur l'étui des feutres).

CADRE POUR PHOTO

Réaliser un objet parfaitement plan. L'importance de la manipulation et du séchage est ici mise en avant.

Techniques utilisées
Plaque / Empreintes

Matériel
- 250 g d'argile rouge avec chamotte de 0,5 mm
- 2 planches en aggloméré de 30 x 30 cm
- 1 rouleau
- 2 lattes de 3 à 5 mm d'épaisseur
- 1 couteau en plastique
- 1 éponge
- 1 bout de tissu à trame large
- 1 cure-dents
- 1 paille
- 1 photo
- 1 rouleau de ruban adhésif fort

Pense-bête
Les plaques mises à sécher entre deux planches sont fragiles. Elles ne doivent pas coller à la planche du dessous et ne doivent pas être écrasées par celle du dessus. Vérifiez régulièrement le bon déroulement du séchage. Vous pouvez enlever définitivement la planche du dessus lorsque la terre devient plus claire et terminer le séchage à l'air libre.

Réalisation

1 - Étaler la terre pétrie à l'aide d'un rouleau sur une planche ou un morceau de tissu. Les lattes disposées de chaque côté servent de guides au rouleau pour obtenir une plaque fine et régulière (voir page 28).
2 - Poser la plaque sur une planche sèche. Couper le contour du cadre à l'aide du couteau. Procéder de même pour la découpe intérieure.
3 - Lisser les contours du cadre à l'éponge humide ou du bout des doigts.
4 - Poser le tissu sur le cadre et frotter avec les doigts pour imprimer sa marque sans déformer la terre. Poser un cure-dents à plat et l'enfoncer légèrement dans la terre pour obtenir des traits réguliers.
5 - Percer des trous d'attache avec la paille. Laisser sécher en place : déplacer le cadre tant que la terre ne s'est pas affermie engendrerait des déformations. Poser dessus la surface sèche d'une planche sans appuyer et laisser sécher environ une semaine.
6 - Procéder à une cuisson de biscuit à la température indiquée sur l'étiquette du pain d'argile.

Finition

7 - Fixer la photo de son choix à l'arrière du cadre avec du ruban adhésif.

GYMNASTES

Composer un corps, le mettre en mouvement, puis l'arrêter, trouver l'équilibre.

Techniques utilisées
Modelage dans la masse par ajout / Empreintes / Émaillage

Matériel
- 500 g d'argile rouge avec chamotte de 0,5 mm
- 1 couteau en plastique
- 1 cure-dents
- 1 pot de barbotine d'argile rouge
- 1 pinceau usagé
- 5 dl d'émail transparent pour faïence (quantité minimale pour procéder par trempage)
- 1 spatule plate
- 1 sac plastique

Réalisation

1 - Rouler en boule entre les paumes des mains un bout de terre pétrie pour former la tête.

2 - Des deux mains, rouler deux boudins de terre sur le plan de travail en exerçant une pression régulière pour créer les bras et les jambes. Les couper de la même longueur à l'aide du couteau. Leur partie centrale formera le corps.

3 - Chaque bonhomme est mis en forme : strier les zones de contact à l'aide du cure-dents, les enduire de barbotine avec le pinceau et les presser fortement les unes contre les autres.

4 - Trouver la position d'équilibre de chaque bonhomme et marquer les yeux, le nez et la bouche avec le cure-dents.

5 - Laisser sécher les gymnastes une semaine recouverts d'un sac plastique. Découvrir et laisser sécher une semaine supplémentaire.

6 - Cuire les gymnastes une première fois à 900 °C.

Finition

Les finitions doivent être réalisées par un adulte.

7 - Tremper rapidement un à un les gymnastes tenus à la base dans l'émail transparent homogène et bien fluide (voir page 59).

8 - Procéder à une seconde cuisson à la température précisée pour l'émail, aux alentours de 1 000 °C.

La gymnastique vue par Claire, 8 ans.

Remarque

L'émaillage n'est pas indispensable, mais le brillant de l'émail capte la lumière, et ses reflets accentuent le dynamisme des gymnastes.

PORTRAIT DE FAMILLE

Le visage reflète la personnalité : l'essentiel peut être dit avec peu de moyens. Perception du père, de la mère, d'un frère, d'une sœur, ou de la famille telle qu'elle est, ou telle qu'on aimerait qu'elle soit.

Techniques utilisées
Modelage dans la masse par pression et ajout / Évidement

Matériel
- Par portrait : 500 g d'argile brune avec chamotte de 0,5 mm
- 1 cure-dents
- 1 pot de barbotine d'argile brune
- 1 pinceau usagé
- 1 petite cuillère
- 1 sac plastique

Renfoncement à l'arrière d'un portrait.

Pense-bête
Pour cuire un grès non émaillé, une seule cuisson est nécessaire, aux alentours de 1 280 °C. Pour un objet décoratif, elle pourrait se faire à 900 °C, la terre est durcie. Cependant, c'est à la température de maturation que de nombreuses argiles développent de belles teintes.

Réalisation

1 - Rouler la terre pétrie sur le plan de travail pour obtenir une boule (préparer autant de boules que de portraits).

2 - Aplatir les boules de terre jusqu'à ce qu'elles atteignent une épaisseur d'environ 2 cm tout en leur donnant une forme ovale ou ronde.

3 - Modeler à part les yeux, le nez et la bouche avec des petits bouts de terre.

4 - Gratter les zones de contact à l'aide du cure-dents, les recouvrir de barbotine avec le pinceau et les presser fortement pour les assembler.

5 - Alléger les portraits en enlevant de la terre à l'arrière avec une petite cuillère sans toucher au pourtour. Creuser ensuite un renfoncement dans l'épaisseur du pourtour qui permettra de les suspendre sur un crochet fixé au mur.

6 - Laisser sécher les portraits en les recouvrant d'un sac plastique.
Au bout d'une semaine, découvrir et poursuivre le séchage encore une semaine.

7 - Procéder à une cuisson de biscuit à la température conseillée pour l'argile, ici 1 280 °C.

Portrait de famille par Virginie, 10 ans.

SOLEIL

Alléger le pourtour d'une pièce et se confronter à la tenue de l'argile. Parler du soleil, de la lumière, de la chaleur, de la vie...

Techniques utilisées
Plaque / Modelage par ajout

Matériel
- 600 g d'argile rouge avec chamotte de 0,5 mm
- 1 planche en aggloméré de 40 x 40 cm
- 1 rouleau
- 2 lattes de 5 mm d'épaisseur
- Du papier journal
- 1 couteau en plastique
- 1 fourchette
- 1 pot de barbotine d'argile rouge
- 1 pinceau usagé
- 1 paille

Réalisation

1 - Étaler la terre pétrie sur la planche à l'aide du rouleau en s'aidant des lattes pour obtenir une épaisseur régulière (voir page 28). Soulever fréquemment la plaque de la planche pour faciliter l'opération.

2 - Froisser du papier journal en lui donnant une forme convexe sur le dessus, y poser la plaque de terre, elle doit dépasser d'au moins 5 cm tout autour sur la planche.

3 - Dégager les rayons du soleil en coupant l'excédent de terre à l'aide d'un couteau. Si la terre «accroche», mouiller le couteau avec de l'eau.

4 - Modeler les yeux et le nez à partir de petites boules d'argile. Former un colombin pour la bouche en roulant la terre sur le plan de travail. Les cheveux sont réalisés à l'aide de colombins très fins.

5 - Strier avec la fourchette les zones de contact, les badigeonner de barbotine au pinceau et presser pour assembler. Les cheveux ne sont pas striés, mais posés sur une épaisse couche de barbotine.

6 - Percer deux trous de suspension avec une paille.

7 - Laisser sécher une semaine à l'air libre.

8 - Enlever le papier journal et faire une cuisson de biscuit à température de maturation de l'argile.

Astuce
Une réalisation paraît plus légère si ses bords sont fins. Amincissez-les en les pressant avec les doigts, comme ici les pointes des rayons du soleil.

CADRAN SOLAIRE

Étudier le mouvement de la terre et du temps qui passe en réalisant un cadran simplifié, de terre et de bois. Posé à plat, l'axe de midi est orienté du sud vers le nord. L'ombre la plus courte correspond à midi.

Techniques utilisées
Plaque / Empreintes

Matériel
- 400 g d'argile avec chamotte de 0,5 mm
- 2 planches en aggloméré de 30 x 30 cm
- 1 rouleau
- 2 lattes de 5 mm d'épaisseur
- 1 couteau en plastique
- 2 cure-dents
- 1 rapporteur
- Matériel pour empreintes (ébauchoir, clous de girofle, tampon à récurer…)

Remarque

Utilisez du grès si le cadran est destiné à l'extérieur dans une région où il peut geler en hiver, et procédez à une cuisson à température de maturation du grès.

Note

Ce cadran est extrêmement simplifié, il permet d'illustrer le mouvement du soleil. Un cadran précis est conçu pour l'endroit auquel il est destiné : les graduations, l'inclinaison et l'orientation du style tiennent compte de la latitude et du méridien du lieu. Leur réalisation fait appel à des connaissances en astronomie et à des calculs mathématiques complexes.

Réalisation

1 - Étaler la terre pétrie à l'aide du rouleau sur une planche, en se servant des lattes pour calibrer son épaisseur (voir page 28).

2 - Placer le tableau du cadran sur une planche sèche et le couper selon la forme souhaitée (ici un rectangle de 10 x 15 cm).

3 - Marquer et percer l'emplacement du style à l'aide d'un cure-dents cassé en deux : repérer le milieu d'un long côté et rester à environ 2 cm du bord.

4 - Poser le centre du rapporteur sur la marque du style. Les 180° du demi-cercle formé par le rapporteur correspondent à 12 heures de temps. Tout à gauche, placer la marque correspondant à 6 heures du matin, à 90° celle de midi et tout à droite celle de 6 heures du soir.

5 - Marquer les graduations intermédiaires tous les 15° correspondant aux heures de la journée. Tracer un trait à l'aide du rapporteur et du cure-dents reliant chaque « heure » au point central figurant l'emplacement du style.

6 - Décorer le tableau du cadran avec des empreintes d'objets ou des dessins gravés au cure-dents. Ce cadran porte la marque d'un ébauchoir, de clous de girofle et d'un tampon à récurer. Les heures du jour peuvent également être marquées.

7 - Laisser sécher entre les deux planches pendant une semaine. Découvrir et laisser sécher encore quelques jours.

8 - Procéder à une cuisson de biscuit à la température conseillée pour l'argile.

Finition

9 - Enfoncer un cure-dents verticalement dans le trou prévu pour le style.

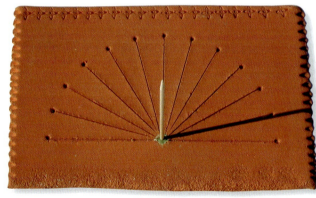

MONSTRE

Voici un excellent entraînement au rajout d'éléments sur une boule de terre. Le monstre, difforme, autorise toutes les maladresses.

Techniques utilisées
Modelage dans la masse par pression et ajout / Empreintes

Matériel
- 600 g d'argile rouge avec chamotte de 0,5 mm
- 1 cure-dents
- 1 pot de barbotine d'argile rouge
- 1 pinceau usagé
- 1 ébauchoir
- 1 sac plastique

Réalisation

1 - Rouler une boule de terre pétrie de la taille d'une balle de tennis.
2 - Créer ensuite les attributs du monstre : la terre repoussée creuse une bouche, les yeux s'enfoncent ou sont proéminents, au choix !
3 - Modeler les éléments rapportés les uns après les autres avec des petits bouts d'argile : cornes, oreilles, pattes…
4 - Pour bien les faire adhérer, strier les parties à assembler avec un cure-dents. Une fois enduites de barbotine avec le pinceau, les presser vigoureusement l'une contre l'autre. Lisser ensuite la terre avec un ébauchoir.
5 - Réaliser diverses empreintes avec le cure-dents une fois le travail d'assemblage terminé, pour éviter qu'elles ne s'effacent lors des manipulations.
6 - Laisser sécher le monstre trois semaines couvert partiellement d'un sac plastique. Découvrir et laisser encore une bonne semaine à l'air libre.
7 - Procéder à une cuisson de biscuit adaptée à la température indiquée pour l'argile.

Monstre modelé par Raphael, 8 ans.

Pense-bête
Pour accélérer et faciliter le séchage de pièces épaisses, enfoncer à plusieurs reprises, en dessous, une aiguille à tricoter pour créer des canaux de circulation d'air, en ayant soin de ne pas transpercer la pièce.

MARIONNETTE

Modeler des personnages ou des animaux qui, simplement enfoncés sur le bout des doigts, vont s'animer, prendre vie, raconter une histoire.

Techniques utilisées
Modelage dans la masse par pression et ajout / Empreintes

Matériel
- 100 g d'argile rouge avec chamotte de 0,5 mm
- 1 cure-dents
- 1 sac plastique

Réalisation

1 - Former une boule avec la moitié de l'argile bien pétrie, en la roulant sur le plan de travail.
2 - Enfoncer cette boule sur le pouce, appuyer tout autour pour lui donner la forme d'un boudin et le poser sur la table.
3 - Former la tête par pression sur un morceau d'argile. Modeler la queue et les ailes en aplatissant un bout d'argile pour chaque élément.
4 - Plaquer les différentes parties les unes après les autres sur le boudin en lissant l'argile de l'élément rapporté vers la masse existante. Marquer les plumes à l'aide du cure-dents.
5 - Renfoncer le modelage sur le pouce avant de procéder au séchage, afin de bien reformer l'ouverture. Le diamètre du pouce compense le retrait de la terre, la marionnette sera placée après cuisson sur un autre doigt de la main.
6 - Poser un sac plastique sur la pièce pour ralentir le séchage, laisser sécher une semaine. Retirer le plastique et laisser sécher encore une semaine.
7 - Procéder à une cuisson de biscuit à la température conseillée pour l'argile.

Remarque
En utilisant de la terre bien molle, les assemblages sur cette petite réalisation pourront se faire sans barbotine.

Pense-bête
Un boudin de terre se transforme facilement en animal : l'oiseau a un bec allongé, le lapin de longues oreilles, l'éléphant une trompe… Le boudin devient visage : tantôt triste, tantôt gai, ou grimaçant… au gré des empreintes.

L'oiseau de feu de Jonathan, 8 ans.

TABLEAU EN RELIEF

Grâce à l'émergence de la forme et de la profondeur, ce modelage offre une étape intermédiaire entre le dessin et la sculpture.

Techniques utilisées
Plaque / Modelage par ajout / Empreintes / Peinture

Matériel
- 600 g d'argile blanche avec chamotte de 0,2 ou de 0,5 mm
- 1 planche en aggloméré de 40 x 40 cm
- 1 rouleau
- 2 lattes de 5 mm d'épaisseur
- 1 couteau en plastique
- 1 cure-dents
- 1 pot de barbotine
- 1 pinceau usagé
- 1 passoire fine
- 1 paille
- 1 sac plastique
- Divers tubes de peinture acrylique
- 1 pinceau rond de taille moyenne
- 1 lanière en cuir de 50 cm de long

Tableau modelé et colorié par Raphael, 7 ans.

Réalisation

1 - Rouler la terre pétrie sur la planche pour obtenir une boule.
2 - Étaler la terre sur la planche avec un rouleau guidé par les lattes (voir page 28). Décoller régulièrement la plaque de son support.
3 - Retourner la planche et poser la plaque sur le bois sec. Découper selon la forme voulue. Cette plaque constitue le support du tableau.
4 - Composer le sujet du tableau : découper les différents éléments dans les chutes de l'argile coupée.
5 - Strier avec un cure-dents les surfaces de contact des parties à assembler. Les enduire de barbotine. Les appuyer sur la plaque support pour que l'adhérence soit bonne.
6 - Avec le pouce, presser de l'argile à travers une petite passoire fine. Récupérer les filaments : ils formeront des cheveux ou un feuillage. Strier les zones du tableau qui recevront ces éléments décoratifs et les enduire de barbotine. Poser les filaments d'argile sur le tableau. Piquer le tableau à travers les filaments avec le cure-dents pour les faire adhérer.
7 - Toujours à l'aide du cure-dents, effectuer des empreintes et tracer les motifs.
8 - Percer deux trous de suspension avec une paille.
9 - Recouvrir le tableau d'un sac plastique en laissant une circulation d'air pour un séchage lent d'une semaine. Découvrir et sécher encore une semaine à l'air libre.
10 - Procéder à une cuisson de biscuit à 900 °C.

Décoration

11 - Peindre à la peinture acrylique, en rinçant le pinceau entre chaque couleur. Celle-ci peut être remplacée par de la gouache recouverte d'une couche de vernis.
12 - Passer la lanière à travers les trous d'accrochage et nouer les deux extrémités ensemble.

Pense-bête
Il est plus facile d'équilibrer l'accrochage d'une poterie lorsqu'on dispose de deux trous. La lanière en cuir peut être remplacée par une cordelette ou un ruban.

ANIMAUX COMPOSÉS

Décomposer un animal en volumes distincts pour en modeler les différentes parties et recomposer l'ensemble.

> *Techniques utilisées*
> Modelage dans la masse par pression, retrait et ajout / Empreintes
>
> *Matériel*
> - Par animal : 250 g d'argile rouge avec chamotte de 0,5 mm
> - 1 cure-dents
> - 1 pot de barbotine d'argile rouge
> - 1 pinceau usagé
> - 1 ébauchoir
> - 1 sac plastique

Réalisation

1 - Partager l'argile pétrie en fonction des différents volumes à mettre en place pour le corps, la tête, les pattes… Former des boules.

2 - Modeler la terre de manière à mettre en forme les différents éléments composant l'animal :

– La tortue : tapoter une boule sur le plan de travail, elle s'aplatit à la base et forme la carapace. Une seconde boule aplatie avec la paume de la main constitue le corps. Enlever de la terre par pincement sur le corps pour dégager la tête, les pattes et la queue.

– Le chat : façonner le corps en pressant une boule entre les mains. Modeler séparément les pattes, la queue et la tête ainsi que les oreilles et la langue qui seront assemblés en dernier.

– La grenouille : façonner le corps par pression de l'argile. Rouler quatre boules sur le plan de travail de manière à ce qu'elles s'allongent, puis former les pattes. Rouler deux petites boules pour les yeux.

3 - Strier les surfaces à assembler avec un cure-dents, elles doivent être bien planes pour éviter tout risque d'inclusion d'air – qui provoquerait des fissures au séchage ou l'éclatement à la cuisson. Les enduire de barbotine et les presser fortement l'une contre l'autre.

4 - Ajouter de la terre aux jointures et lisser avec un ébauchoir : les éléments rapportés perdent ainsi l'aspect « collé ». Marquer des empreintes avec le cure-dents.

5 - Laisser sécher deux semaines les animaux couverts partiellement d'un sac plastique. Laisser encore sécher une semaine à l'air libre.

6 - Procéder à une cuisson de biscuit à la température indiquée pour l'argile.

Pense-bête
Pour faire des modelages ou des parties semblables, comme par exemple des pattes, commencez par préparer des boules de terre de taille identique avant de les mettre en forme.

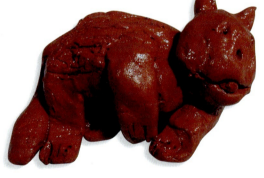

Chat modelé par Claire, 7 ans.

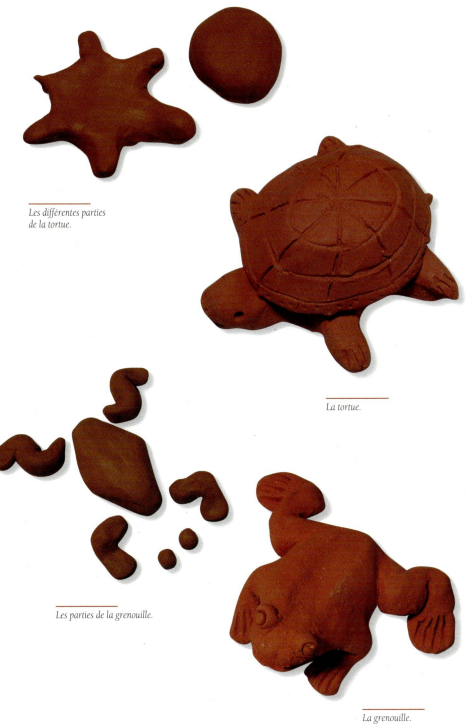

Les différentes parties de la tortue.

La tortue.

Les parties de la grenouille.

La grenouille.

HERBIER

Les empreintes laissées par des végétaux pressés sur une terre fine sont très précises. Tout comme dans un herbier, la plante est étalée pour mettre en évidence toutes ses caractéristiques. Sa trace sera définitivement marquée par la cuisson.

Techniques utilisées

Plaque / Empreintes / Oxydes métalliques / Émaillage

Matériel

- 200 g d'argile blanche lisse ou à chamotte ne dépassant pas 0,2 mm
- 2 planches en aggloméré de 30 x 30 cm
- 1 rouleau
- 2 lattes de 5 mm d'épaisseur
- Des végétaux fraîchement cueillis
- 1 couteau en plastique
- 1 paille
- 2 gants jetables
- 1 g d'oxyde de fer
- 1 brosse plate
- 1 vieux chiffon
- 1 dl d'émail transparent pour faïence (à verser)
- 1 spatule plate
- 1 récipient à bec verseur

Passage du rouleau.

Remarque

Si un végétal est feuillu, il sera nécessaire d'en supprimer certaines parties pour éviter qu'elles ne brouillent l'empreinte par leur superposition.

Pense-bête

Inutile de retirer la plante pour la cuisson de biscuit, elle sera réduite en cendres.

Réalisation

1 - Pétrir une boule de terre et l'étaler au rouleau sur une planche en se servant des lattes comme guides (voir page 28). Soulever régulièrement l'argile pour éviter qu'elle ne reste collée au support.

2 - Placer la plaque sur une planche sèche et disposer le végétal sur la terre en étalant bien les feuilles. Le gras des nervures se trouve à l'envers de la feuille et repose sur la terre.

3 - Découper si nécessaire la plaque à la dimension et à la forme voulue. Atténuer la coupe trop nette du couteau en pressant et en lissant le bord de la pièce avec les doigts.

4 - Repasser le rouleau, guidé par les lattes, pour que le végétal marque bien la terre, en y restant plaqué.

5 - Percer les trous d'accrochage avec la paille.

6 - Disposer la plaque entre les deux planches pendant une semaine, puis laisser sécher trois jours à découvert. Le végétal reste en place pour le séchage.

7 - Faire une première cuisson à 900 °C.

Finition

Les finitions doivent être réalisées par un adulte.

8 - Enfiler les gants pour protéger les mains. Badigeonner la plaque à l'aide d'une brosse plate avec l'oxyde de fer mélangé à une cuillerée à soupe d'eau pour faire ressortir les contours et les nervures (voir page 57). Essuyer le surplus avec un chiffon mouillé.

9 - Verser un émail transparent homogène et bien liquide sur la pièce sèche tenue inclinée (voir page 59), essuyer le dessous si nécessaire.

10 - Procéder à une nouvelle cuisson à environ 1 000 °C selon la spécificité de l'émail.

MASQUE

Observer puis sculpter un visage, son visage, celui de quelqu'un d'autre, qu'on aimerait être ou devenir. Adapter la technique à la consistance de l'argile.

Techniques utilisées
Modelage dans la masse par pression, ajout et retrait / Évidement

Matériel
- 2 kg d'argile brune avec chamotte de 0,5 mm
- 1 planche en aggloméré de 30 x 30 cm
- 1 fourchette
- 1 pot de barbotine brune
- 1 pinceau usagé
- 1 ébauchoir
- Du papier journal
- 1 mirette
- 1 sac plastique

Réalisation

1 - Poser la terre pétrie sur la planche en bois. Frapper et repousser l'argile jusqu'à lui donner la forme d'une galette ronde ou ovale de 3 cm d'épaisseur.
2 - Modeler le masque dans la masse en creusant et en repoussant la terre avec les doigts.
3 - Si la terre est molle, il est possible d'ajouter des éléments, comme par exemple le nez, en les plaquant par petits morceaux sur la masse. Lorsque la terre est plus consistante, strier avec la fourchette et enduire de barbotine les surfaces à mettre en contact avant de les presser l'une contre l'autre.
4 - Terminer en lissant l'argile du bout des doigts et modeler les détails en s'aidant d'un ébauchoir.
5 - Si la terre est molle, laisser le modelage se raffermir pendant quelques heures. Sinon, poursuivre en allégeant le masque. Le poser face vers le bas sur du papier froissé pour éviter que les reliefs ne s'estompent au contact de la planche. Enlever l'excédent de terre sur l'arrière, à l'aide d'une mirette.
6 - Laisser sécher recouvert d'un sac plastique pendant une semaine, puis encore une semaine à l'air libre.
7 - Procéder à une cuisson de biscuit à la température conseillée pour l'argile.

Pense-bête
Pour obtenir un masque plus léger, étalez de la terre-papier en une plaque de 5 mm d'épaisseur et posez-la sur du papier froissé qui servira de base de travail. Préparez pour cela 1 kg d'argile à 5 % de papier (voir page 16).

BESTIAIRE

Imaginer les attitudes, le caractère, le comportement d'un animal réel ou légendaire. L'expression prime sur la vraisemblance.

Techniques utilisées
Modelage dans la masse par pression et par ajout / Empreintes / Engobe / Émaillage

Matériel
- Par animal : 250 g d'argile rouge avec chamotte de 0,5 mm
- 1 cure-dents
- 1 pot de barbotine rouge
- 1 pinceau usagé
- 1 ébauchoir
- 1 sac plastique
- 1 assortiment de pinceaux et d'engobes
- 8 dl d'émail transparent pour faïence (quantité minimale pour émailler par trempage)
- 1 spatule plate
- 1 pince à émailler
- 1 éponge

Réalisation

1 - Mettre en forme le corps, la tête et la queue en pressant entre ses mains un morceau de terre déjà pétrie.

2 - Former les pattes et les divers autres éléments en modelant de petits morceaux d'argile.

3 - Strier les zones de contact avec le cure-dents, puis les enduire de barbotine. Assembler les différents éléments en exerçant une forte pression. Lisser les contours des assemblages avec un ébauchoir.

4 - Dessiner les détails (écailles, plumes…) et marquer les yeux à l'aide du cure-dents.

5 - Recouvrir les animaux d'un sac plastique et laisser sécher une à deux semaines selon que la forme est allongée ou trapue. Enlever le plastique et laisser encore une semaine.

6 - Procéder à une première cuisson à 900 °C.

Pense-bête
L'apport de la couleur est ici utile pour permettre de rendre l'animal encore plus expressif. Ce type de formes est adapté à un émaillage par trempage car l'émail nappe facilement tous les recoins.

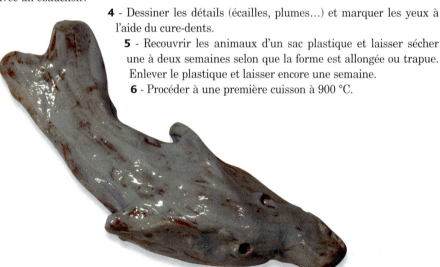

Décoration

7 - Peindre chaque animal avec les engobes appliqués au pinceau (voir page 55). Veiller à ce que l'engobe s'étale bien, sinon rajouter un peu d'eau.

Finition

Les finitions doivent être réalisées par un adulte.
8 - Tremper rapidement l'animal dans le seau d'émail, tenu au bout d'une pince. L'émail transparent doit être bien liquide et remué au préalable avec la spatule. Au bout d'un quart d'heure, nettoyer la base avec une éponge mouillée.
9 - Procéder à une cuisson aux alentours de 1 000 °C selon la spécificité de l'émail.

Le bestiaire de Claire, 8 ans.

VASE

Réaliser un vase d'une quinzaine de centimètres de hauteur sans plaques ni colombins.

Techniques utilisées
Modelage dans la masse par pression / Émaillage

Matériel
- 1 kg d'argile rouge avec chamotte d'au moins 0,5 mm
- 1 planche en aggloméré de 40 x 40 cm
- 1 rouleau de 5 cm de diamètre
- 1 spatule plate en bois
- 1 sac plastique
- 2 dl d'émail faïence (à verser)
- 1 éponge

Montage du vase à la spatule.

Réalisation

1 - Compacter l'argile homogène et pas trop molle en la frappant avec les mains. La rouler sur la planche pour obtenir une boule bien régulière.

2 - Enfoncer le rouleau, bien verticalement, au centre de la boule posée sur la planche. Veiller à laisser au moins 2 cm d'épaisseur de terre pour le fond.

3 - Repousser progressivement la terre en partant de la base pour allonger la paroi du vase tout en l'affinant. Pour cela, poser le rouleau entouré de terre sur le plan de travail, ou le maintenir incliné contre le bord de la table. Frapper alors la surface de la terre avec force à l'aide de la spatule, en faisant tourner constamment l'ensemble.

4 - Si la partie supérieure s'évase involontairement, la presser en l'entourant des deux mains pour bien la plaquer contre le rouleau. Retirer de temps à autre le rouleau du vase, pour éviter qu'il n'y adhère trop. Le retourner si nécessaire pour utiliser son extrémité sèche.

5 - Retirer le rouleau lorsque la paroi atteint moins de 1 cm d'épaisseur et recouvrir le vase d'un sac plastique. Découvrir au bout d'une semaine et finir le séchage tout aussi longtemps à l'air libre.

6 - Effectuer ensuite une cuisson de biscuit à 900 °C.

À noter
Les traces de frappe offrent un bel effet décoratif.

Finition

Les finitions doivent être réalisées par un adulte.

7 - Mélanger la suspension d'émail avec la spatule. Verser dans le vase pour le remplir aux deux tiers. Vider celui-ci aussitôt en le faisant tourner sur lui-même pour que toute la surface intérieure soit nappée d'émail. Essuyer les dégoulinements avec une éponge mouillée.

8 - Effectuer une seconde cuisson à température de fusion de l'émail. Le vase peut maintenant recevoir de l'eau.

Pense-bête
L'émaillage n'est pas une garantie absolue d'étanchéité, surtout si vous utilisez de la faïence (voir page 63). Mais émaillé ou non, ce vase recueillera avantageusement des végétaux secs.

Vase réalisé par Caroline, 10 ans.

POT-POURRI

Modeler un pot en ouvrant, puis en évasant une boule de terre par simple pression des doigts.

Technique utilisée
Modelage dans la masse d'une forme ouverte

Matériel
- 400 g d'argile rouge avec chamotte de 0,5 mm
- 1 spatule plate en bois
- Mélange de fleurs séchées parfumées

Réalisation

1 - Rouler l'argile pétrie en une boule qui tient dans la main. Réduire la quantité d'argile pour de petites mains.
2 - Enfoncer verticalement le pouce ou l'index au centre de la boule de terre. Laisser un bon centimètre d'épaisseur pour former le fond du pot.
3 - Garder le pouce à l'intérieur et exercer une pression le long de la paroi vers les autres doigts à l'extérieur, dans un mouvement de rotation permanent. Veiller à bien presser l'argile afin d'obtenir une paroi d'égale épaisseur sans négliger la base. Ce travail progressif ouvre peu à peu la forme.
4 - Tapoter le dos de la forme avec la spatule pour l'égaliser.
5 - Pour créer les ondulations, poser deux doigts écartés sur le bord du pot à l'extérieur. Pousser doucement la terre entre ces deux doigts de l'intérieur. Répéter à différents endroits.
6 - Laisser sécher pendant une dizaine de jours à l'air libre.
7 - Procéder à une cuisson de biscuit correspondant aux indications de l'étiquette sur l'emballage de l'argile.
8 - Disposer les fleurs séchées parfumées dans le pot.

Astuce
Lors d'une manipulation avec des mains chaudes ou lorsque l'air est chaud et sec, les bords évasés se fendillent rapidement. Humidifiez le bord avec une éponge mouillée et poursuivez le modelage.

Idée
Vous pouvez utiliser cette coupelle comme vide-poches, comme support à bougie ou autre...

RAVIER

Réaliser un petit plat moulé sur un support en s'exprimant principalement par les couleurs.

Techniques utilisées
Plaque / Engobe / Émaillage

Matériel
- 750 g de faïence blanche avec chamotte de 0,5 mm
- 1 planche en aggloméré de 40 x 60 cm
- 1 rouleau
- 2 lattes de 5 mm d'épaisseur
- 1 barquette en polystyrène
- 1 couteau en plastique
- 1 assortiment de pinceaux et d'engobes
- 1 l d'émail transparent pour faïence

(quantité minimale pour procéder par trempage)
- 1 spatule plate
- 1 pince à émailler
- 1 éponge

Découpe de la plaque.

Ravier mis en forme dans son moule.

Réalisation

1 - Étaler une boule de terre bien pétrie (ou un morceau prélevé sur un pain neuf) sur la planche, à l'aide d'un rouleau guidé par des lattes (voir page 28). Soulever la plaque après chaque passage du rouleau.

2 - Poser sur la plaque la barquette à l'envers. Couper l'excédent de terre au couteau, à 1 ou 2 cm des bords de la barquette.

3 - Retourner la barquette, y déposer la plaque et la presser doucement contre ce moule.

4 - Mettre en forme les montants du ravier.

5 - Pincer et lisser les bords du ravier avec les doigts afin d'enlever les bavures de terre et les traces de coupe.

6 - Laisser sécher le ravier dans son moule une semaine à l'air libre.

7 - Procéder à une cuisson de biscuit à 900 °C.

Décoration

8 - Peindre le ravier avec les engobes (voir page 55). Les coulures de pinceau peuvent être grattées avec le couteau et essuyées à l'éponge mouillée. Si le résultat ne convient pas, il est possible de tout recommencer, pour cela rincer le ravier sous l'eau et le laisser sécher avant de poursuivre.

Finition

Les finitions doivent être réalisées par un adulte.

9 - Mélanger l'émail transparent avec la spatule jusqu'à ce qu'il soit homogène. Tremper le ravier tenu par une pince dans le bain d'émail bien fluide (selon la taille du ravier il sera peut-être nécessaire de transférer l'émail de son seau vers une bassine). Le retirer immédiatement et le laisser sécher sur la table. Avec une éponge mouillée, essuyer la base qui sera en contact avec les supports d'enfournement.

10 - Cuire le ravier à température de fusion de l'émail. Les engobes révèlent alors tout leur éclat.

Pense-bête
Si vous réalisez le ravier en une seule séance, en appliquant des engobes un peu crémeux après la mise en forme sur une terre pas trop humide, les maladresses se rattrapent uniquement par grattage de l'engobe appliqué.

POT À CRESSON

Ouvrir une boule de terre par pression des doigts en conservant une forme sphérique semblable à une tête. Le cresson, une fois levé, formera la chevelure.

> *Techniques utilisées*
> Modelage dans la masse d'une forme ouverte et par ajout / Empreintes
>
> *Matériel*
> - 500 g d'argile brune avec chamotte de 0,5 mm
> - 1 spatule plate en bois
> - 1 cure-dents
> - 1 pot de barbotine brune
> - 1 pinceau usagé
> - Un peu de terreau et des graines de cresson

Réalisation

1 - Compacter l'argile homogène pour en faire une boule (pour de petites mains utiliser une quantité moindre). Enfoncer le pouce ou l'index en son milieu et veiller à laisser un bon centimètre d'épaisseur pour le fond du pot.
2 - Commencer par agrandir l'ouverture à la base, en exerçant une pression constante entre le pouce placé à l'intérieur du pot et les autres doigts de la main placés à l'extérieur dans un mouvement de rotation permanent. Le pot repose sur l'autre main.
3 - Remonter petit à petit en évitant d'évaser l'ouverture du pot.
4 - Atténuer les irrégularités en tapotant la terre avec la spatule en bois.
5 - Aplatir de petites boules de terre entre les doigts pour former les yeux et le nez. Strier les zones d'assemblage au cure-dents, puis les enduire de barbotine et les presser fortement pour qu'elles adhèrent bien.
6 - Marquer les sourcils et la bouche en pressant le cure-dents ou un ébauchoir contre l'argile.
7 - Laisser sécher le pot à l'air libre pendant une bonne semaine.
8 - Procéder à une cuisson de biscuit à la température conseillée pour l'argile.

Finition

9 - Remplir le pot de terreau et éparpiller à la surface les graines de cresson. Maintenir le terreau humide, les graines lèvent au bout de quelques jours.

Pense-bête
Si vous souhaitez que le pot soit parfaitement étanche, utilisez du grès et émaillez l'intérieur.

DINOSAURE

Les brontosaures, diplodocus, stégosaures, tricératops et autres tyrannosaures vont resurgir des profondeurs du temps. Leur histoire passionne les enfants. Modeler une forme élancée ou massive sur pattes.

Techniques utilisées
Modelage dans la masse par pression et par ajout / Empreintes

Matériel
- 500 g d'argile rouge avec chamotte de 0,5 mm
- 1 cure-dents
- 1 pot de barbotine rouge
- 1 pinceau usagé
- 1 ébauchoir
- Du papier journal
- 1 sac plastique

Réalisation

1 - Transformer peu à peu une boule de terre pétrie en boudin, en la pressant entre les doigts pour lui donner la forme du corps et de la tête.

2 - Modeler les pattes à partir de quatre petits boudins d'argile. Strier les zones de contact à l'aide d'un cure-dents, les enduire de barbotine puis les presser fortement au moment de l'assemblage. Lisser les jointures à l'ébauchoir.

3 - Maintenir le poids du corps avec du papier journal froissé pour que les pattes ne s'affaissent pas. Procéder de même pour la queue après l'avoir modelée et assemblée comme à l'étape 2.

4 - Mettre en place une corne en cherchant le point d'équilibre pour qu'elle ne tombe pas.

5 - Modeler les yeux à partir de deux petites boules d'argile aplaties et les assembler.

6 - S'aider de l'ébauchoir pour mettre en forme la gueule du dinosaure et du cure-dents pour marquer des empreintes.

7 - Commencer le séchage sous sac plastique avec une faible circulation d'air, augmenter ensuite l'arrivée d'air et finir par découvrir entièrement le modelage pour une durée d'une semaine à chaque étape.

8 - Procéder à une cuisson de biscuit à une température adaptée à l'argile.

À noter
Il peut être utile de consulter de la documentation sur les dinosaures avant de se lancer dans la réalisation. Des figurines en plastique peuvent servir de modèle.

Astuce
Pour maintenir en place un long cou ou un corps massif sur ses pattes, modelez des cales avec de la terre. Elles pourront rester en place lors du séchage puisque leur retrait est identique à celui du modelage.

Dinosaure de Séverine, 9 ans.

SAC À MALICES

La terre prend l'aspect et le tombé d'un tissu à grosse trame, à la limite de l'affaissement. La difficulté de cette réalisation augmente considérablement avec sa taille.

Techniques utilisées
Plaque / Empreintes

Matériel
- 1 kg d'argile brune avec chamotte de 0,5 mm
- Un morceau de toile de jute de 40 x 60 cm
- 1 rouleau
- 2 lattes de 3 mm d'épaisseur
- 1 couteau en plastique

Réalisation

1 - Poser une boule de terre molle entre deux lattes sur la toile de jute. Étaler une plaque très en longueur à l'aide d'un rouleau (voir page 28). Décoller régulièrement la plaque de terre du tissu, afin qu'elle n'y adhère pas.

2 - Lorsque la plaque est étalée, la retourner et repasser doucement le rouleau qui repose sur les lattes. La texture de la toile de jute s'imprime ainsi sur les deux faces.

3 - Découper à l'aide du couteau un rectangle deux fois plus long que large d'environ 20 x 40 cm.

4 - Replier l'un des petits côtés et le poser délicatement sur l'autre sans appuyer dessus.

5 - Fermer les côtés du sac ainsi formé, en pinçant les deux épaisseurs de terre sur toute la longueur.

6 - Écarter ensuite les lèvres d'argile pour mettre en place le volume intérieur et l'ouverture, puis relever le sac.

7 - En lui donnant un petit coup sec sur la table, le fond du sac se met en place et le tombé identique à celui du tissu se fait naturellement.

8 - Laisser sécher le sac à l'air libre pour que la terre se raffermisse rapidement. Il sera sec en moins d'une semaine.

9 - Effectuer une cuisson de biscuit à la température de maturation de l'argile.

Conseils

La réussite du sac est liée à la consistance de l'argile. Si le sac s'écroule, la terre est trop molle : rassemblez-la, pétrissez et recommencez. La manipulation lui fait perdre de l'humidité. Si les côtés se décollent, l'argile est trop ferme pour être assemblée par simple pression : mouillez les zones d'assemblage avec un doigt avant de les poser l'une sur l'autre et de les pincer.

FEUILLE DE CHOU

Reproduire un motif végétal en structurant toute la surface de l'argile par impression.

Techniques utilisées
Plaque / Empreintes / Émaillage

Matériel
- 750 g d'argile brune avec chamotte de 0,5 mm
- 1 planche en aggloméré de 40 x 60 cm
- 1 rouleau
- 2 lattes de 5 mm d'épaisseur
- 1 grande feuille de chou frisé
- 1 couteau en plastique
- Du papier journal
- 2 cl d'émail blanc prêt à l'emploi (à température de cuisson adaptée à l'argile)
- 1 cuillère
- 1 brosse plate

Dessous-de-plat en feuille de chou.

Réalisation

1 - Étaler la terre pétrie sur une planche ou une toile de jute, à l'aide d'un rouleau guidé par deux lattes (voir page 28). Veiller à la décoller régulièrement du support.

2 - Lorsque la plaque atteint 5 mm d'épaisseur, poser la feuille de chou dessus, la partie charnue des nervures au contact de la terre. Couper si nécessaire la base de la nervure principale de la feuille de chou dans son épaisseur, pour éviter qu'elle ne transperce l'argile.

3 - Les lattes toujours en place, passer le rouleau lentement, d'un bout à l'autre, en appuyant pour imprimer la marque de la feuille de chou. Si la feuille se soulève après le passage du rouleau, éviter de repasser dessus pour ne pas brouiller la netteté de l'impression.

4 - Couper, à l'aide du couteau, les débords de terre autour du contour de la feuille avant de la retirer. Si le couteau accroche à la terre, le tremper dans l'eau pour qu'il glisse mieux.

5 - Presser et lisser du bout des doigts le bord de l'argile en faisant tout le tour de la feuille afin d'effacer les traces du couteau.

6 - Redonner le galbe naturel de la feuille de chou à la plaque en remontant l'argile par endroits et la maintenir en place par des cales en papier froissé.

7 - Laisser sécher à l'air libre durant une semaine.

8 - Procéder à la cuisson de biscuit à 900 °C.

Finition

9 - Mélanger l'émail avec la cuillère pour le rendre homogène. Appliquer une seule couche d'émail, à la brosse plate, sur le dessus et les côtés de la feuille. L'étaler à partir de la nervure principale vers l'extérieur.

10 - Effectuer une seconde cuisson à la température de fusion de l'émail.

Variante
Pour réaliser un dessous-de-plat, doubler la quantité d'argile et prendre 2 lattes de 10 mm d'épaisseur. Conserver la plaque imprimée bien plate et laisser sécher une dizaine de jours avant de cuire.

Pense-bête
Une seule couche de préparation d'émail liquide à appliquer au pinceau suffit : la couleur de l'argile transparaît encore par endroits, l'effet contrasté est intéressant et les nervures restent bien marquées. Un émail appliqué en épaisseur normale atténuerait les empreintes de la feuille de chou.

Plat en feuille de chou.

POT DRAGON

Réaliser une pièce en abordant la technique du colombin. S'inspirer, pour la créer, des contes et légendes.

Techniques utilisées
Modelage dans la masse par pression et ajout / Colombin / Émaillage

Matériel
- 750 g d'argile avec chamotte de 0,5 mm
- 1 planche en aggloméré de 40 x 40 cm
- 1 ébauchoir
- 1 sac plastique
- 8 cl d'émail prêt à l'emploi (à température de cuisson adaptée à l'argile)
- 1 cuillère
- 1 brosse plate

Pot dragon réalisé par Marlène, 6 ans.

Réalisation

1 - À partir de 500 g d'argile molle et pétrie, former quatre boules de taille identique en les roulant sur la planche.

2 - Aplatir une boule avec la paume de la main et former ainsi la base du pot.

3 - Former un colombin à partir d'une autre boule en appuyant dessus tout en la faisant rouler sur la planche (voir page 31). Utiliser les deux mains dès que le colombin s'allonge. Effectuer ainsi un mouvement de va-et-vient jusqu'à ce que le colombin, posé sur la base, soit assez long pour en faire tout le tour. Assembler les deux extrémités en poussant la terre de l'une vers l'autre.

4 - Procéder de même pour former deux autres colombins puis les empiler.

5 - Souder l'ensemble, à l'intérieur, en poussant la terre avec un doigt tantôt vers le haut, tantôt vers le bas, pendant que l'autre main entoure le pot à l'extérieur pour le maintenir en place.

6 - Modeler la tête et la queue du dragon à partir de la terre restée en attente. Les poser sur le pot et les raccorder en repoussant de la terre avec les doigts vers le pot. Ajouter un peu de terre à la jointure pour la renforcer. Cette façon d'assembler deux morceaux n'est possible que lorsque la terre est bien molle.

7 - Former les yeux et la langue à partir de toutes petites boules et les mettre en place en les pressant contre l'argile avec un ébauchoir.

8 - Poser un sac plastique sur le pot en prévoyant une circulation d'air pendant une dizaine de jours, puis laisser le séchage se terminer une semaine à l'air libre.

9 - Procéder à une première cuisson à 900 °C.

Finition

10 - Mélanger l'émail avec la cuillère et l'appliquer à l'aide d'une brosse plate en passant le pinceau, si possible, toujours dans le même sens pour l'étaler. Ne pas poser d'émail sur la base qui reposera sur les supports d'enfournement dans le four. Attendre 10 minutes que l'émail ait séché et appliquer une autre couche croisant la première. Selon l'émail utilisé, le fabricant peut conseiller l'application d'une troisième couche.

11 - Procéder à une seconde cuisson à température de fusion de l'émail.

Pense-bête
En terre crue, le dragon sera décoratif. En terre cuite, il pourra recueillir divers objets. Émaillé, il pourra recevoir des aliments et être lavé au lave-vaisselle.

BOÎTE

Modeler un volume, puis creuser la terre pour pouvoir y déposer trésors et secrets.

Techniques utilisées
Modelage dans la masse par pression / Évidement / Empreintes

Matériel
- 1,5 kg d'argile rouge avec chamotte de 0,5 mm
- 1 cure-dents
- 1 pot de barbotine rouge
- 1 pinceau usagé
- 1 ébauchoir
- 1 latte de bois
- 1 paille
- 1 fil à couper l'argile
- 1 petite cuillère
- 1 mirette
- 1 sac plastique

Réalisation

1 - Frapper l'argile pétrie pour lui donner la forme de la boîte. Pour obtenir un cube, rouler d'abord une boule et la frapper ensuite sur le plan de travail pour former tour à tour le fond, le dessus, un côté, le côté opposé et enfin les côtés restants.

2 - Modeler une poignée dans une petite boule de terre.

3 - Strier au cure-dents l'une des extrémités de la poignée et sa zone de contact sur le cube. Enduire de barbotine, puis presser fortement la poignée pour la faire adhérer au couvercle. Reprendre la jointure avec l'ébauchoir, en rajoutant éventuellement un peu de terre.

4 - Décorer le cube. Ici une latte frappée contre la terre et une paille appuyée sur le dessus, ont laissé leur empreinte.

5 - Laisser le cube se raffermir à l'air libre durant environ 5 heures avant de procéder aux finitions, afin de limiter ensuite ses déformations.

Finition

6 - Couper le couvercle à l'aide du fil, à environ 1 cm du haut de la boîte. Le mettre de côté.

7 - Sur la partie boîte, tracer un trait avec un cure-dents à 1 cm des bords, pour définir l'épaisseur des parois.

8 - Évider le cube dans sa partie centrale à la cuillère. Poursuivre à la mirette et s'approcher progressivement du trait de repère.

9 - Lisser la surface intérieure avec les doigts, en veillant à ne pas déformer la boîte, notamment l'ouverture.

10 - Poser le couvercle sur la boîte sans l'appuyer. Mettre à sécher une semaine sous un sac plastique et une semaine à l'air libre.

11 - Laisser le couvercle en place et faire une cuisson de biscuit à la température conseillée pour l'argile.

À noter
La boîte et son couvercle sont mis en forme dans un bloc de terre, sans se soucier du volume intérieur.

Astuce
Pour éviter que le couvercle ne glisse trop facilement de la boîte, mettez en place, après avoir coupé le couvercle, un fin colombin bien en retrait par rapport aux bords. Pressez les zones de contact striées et enduites de barbotine l'une contre l'autre.

PLATS GIGOGNES

Réaliser de petits plats s'empilant les uns sur les autres demande de la réflexion pour l'exécution.

Techniques utilisées
Plaque / Engobe / Émaillage

Matériel
- 750 g de faïence blanche avec chamotte de 0,5 mm
- 1 planche en aggloméré de 40 x 60 cm
- 1 rouleau
- 2 lattes de 5 mm d'épaisseur
- 1 couteau en plastique
- 1 assortiment de pinceaux et d'engobes
- 8 dl d'émail transparent pour faïence (quantité minimale pour procéder par trempage)
- 1 spatule plate
- 1 pince à émailler
- 1 éponge

Petits plats gigognes empilés.

Réalisation

1 - Poser la terre bien pétrie sur la planche (ou de la toile de jute) et l'entourer de deux lattes. L'étaler au rouleau en se servant des lattes comme guides (voir page 28). Décoller fréquemment la plaque pour éviter qu'elle n'adhère au plan de travail.
2 - Couper les contours du plus petit plat (ici, environ 5 x 5 cm) au couteau.
3 - Le poser sur le restant de la plaque pour couper un deuxième plat plus grand. Ce dernier sera utilisé pour couper le troisième plat encore plus grand.
4 - Rassembler les restes d'argile pour les pétrir. Étaler à nouveau avec le rouleau et les lattes, puis couper le quatrième plat en procédant comme précédemment.
5 - Relever les côtés, lisser les bords avec les doigts et pincer les quatre coins.
6 - Laisser sécher les petits plats côte à côte pendant une semaine à l'air libre.
7 - Procéder à une cuisson de biscuit à 900 °C.

Décoration
8 - Peindre les décors à l'engobe.

Finition
Les finitions doivent être réalisées par un adulte.
9 - Mélanger l'émail à l'aide de la spatule. Tremper rapidement les petits plats les uns après les autres dans le seau d'émail. Les immerger complètement en les tenant avec une pince. Attendre environ 15 minutes qu'ils sèchent et essuyer alors la base avec une éponge mouillée.
10 - Procéder à une seconde cuisson aux alentours de 1 000 °C en adaptant la température à l'émail utilisé.

Pense-bête
Pour pétrir des restes de plaques, empilez les morceaux à plat les uns sur les autres plutôt que de les replier sur eux-mêmes. Si néanmoins des boursouflures apparaissent quand vous étalez la terre, ce sont des inclusions d'air qu'il faut piquer avec un cure-dents avant de repasser le rouleau dessus.

Petits plats gigognes.

POT BONHOMME

Travailler la mise en forme d'un cylindre et l'expression d'un visage.

Techniques utilisées
Modelage dans la masse par pression et ajout / Évidement / Empreintes / Engobe / Émaillage

Matériel
- 250 g d'argile rouge avec chamotte de 0,5 mm
- 1 planche en aggloméré de 30 x 30 cm
- 1 mirette
- 1 cure-dents
- 1 pot de barbotine rouge
- 1 pinceau usagé
- 1 bâtonnet en bois de 5 mm de diamètre
- 1 ébauchoir
- Engobes de 2 couleurs différentes
- 1 pinceau rond
- 1 sac plastique
- 5 dl d'émail transparent pour faïence
(quantité minimale pour émailler par trempage)
- 1 spatule plate
- 1 pince à émailler
- 1 éponge

Pots bonhommes de Claire, 9 ans.

Réalisation

1 - Former une boule avec 200 g d'argile, pas trop molle et pétrie, en la roulant sur la planche. Appuyer dessus dans un long mouvement de va-et-vient pour la transformer en un gros boudin.
2 - Taper le boudin de terre sur la planche pour mettre en place une base plane.
3 - Mettre le bonhomme en forme par pression des doigts.
4 - Évider l'intérieur à la mirette pour en faire un pot.
5 - Former le nez avec une petite boule d'argile et l'écharpe avec un colombin aplati. Strier au cure-dents les surfaces de contact à assembler et les enduire de barbotine avant de les mettre en place en appuyant pour les faire adhérer.
6 - Créer les trous des yeux et la fente de la bouche en enfonçant un bâtonnet en bois ou un ébauchoir : selon leur forme l'expression du bonhomme sera modifiée.
7 - Appliquer l'engobe au pinceau par petites touches sur le nez et peindre l'écharpe.
8 - Laisser sécher une semaine couvert d'un sac plastique et une semaine à l'air libre.
9 - Procéder à une cuisson de biscuit à 900 °C.

Finition
Les finitions doivent être réalisées par un adulte.
10 - Mélanger soigneusement l'émail avec la spatule. Tremper le bonhomme tenu par une pince dans le seau d'émail et le sortir immédiatement tout en le vidant. Le poser sur la table et essuyer la base avec une éponge mouillée dès qu'il est assez sec pour être manipulé.
11 - Cuire une seconde fois à la température de fusion de l'émail.

Variantes
Ce petit pot peut devenir vase, bougeoir ou pot à épices en adaptant un bouchon de liège au diamètre de son ouverture. On peut aussi former un groupe de personnages amusants.

CALENDRIER PERPÉTUEL

Apprendre à décomposer une année en jours, semaines et mois. Le temps est fractionné, l'espace à disposition sur une surface définie devra l'être aussi.

Techniques utilisées
Plaque / Empreintes

Matériel
- 1 kg d'argile rouge avec chamotte de 0,5 mm
- 2 planches en aggloméré de 40 x 40 cm
- 1 rouleau
- 2 lattes de 10 mm d'épaisseur
- 1 couteau en plastique
- 2 pailles
- 1 paire de ciseaux
- 1 cure-dents
- 1 rameau d'arbre ou d'arbuste
- 40 cm de ficelle

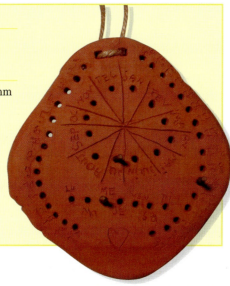

Calendrier perpétuel de Géraldine, 10 ans.

Réalisation

1 - Pétrir l'argile et former une boule en la compactant et en la roulant sur la planche. L'étaler directement si le morceau est prélevé sur un pain neuf.

2 - Aplatir la terre sur la planche en la frappant avec la paume de la main, puis l'étaler en utilisant un rouleau de bois guidé par les deux lattes (voir page 28).

3 - Si la forme obtenue est trop irrégulière ou inesthétique, recouper la terre avec le couteau et travailler les bords en les lissant avec les doigts. Retourner la planche pour poser la plaque sur une surface sèche.

4 - Percer deux trous espacés d'au moins 3 cm à l'aide de la paille en restant à un bon centimètre du bord supérieur. Ces trous serviront à l'accrochage du calendrier.

5 - Repérer la place nécessaire à graver les 31 jours du mois en les marquant avec la pointe du cure-dents. Percer les 31 trous en enfonçant la paille et couper l'extrémité lorsqu'elle se bouche. Graver à l'aide du cure-dents les nombres correspondants. Gommer les erreurs en frottant du bout du doigt la surface de l'argile.

6 - Procéder de la même manière pour les mois, puis pour les jours de la semaine.

7 - Poser une seconde planche sur le calendrier, sans l'appuyer. Laisser sécher deux jours, puis découvrir et déplacer le calendrier en le poussant par les côtés pour éviter qu'il n'adhère sur la planche. Remettre en place pour quelques jours, puis enlever la planche du dessus pour achever le séchage, une semaine à l'air libre.

8 - Procéder à une cuisson de biscuit et l'arrêter à la température conseillée pour l'argile.

Finition

9 - Casser ou couper le rameau en petits morceaux et en conserver trois dont le diamètre correspond aux trous du calendrier.

10 - Enfiler une ficelle dans les trous réservés à l'accrochage et nouer les deux extrémités.

Conseil
La terre ne doit pas être trop molle lorsque vous percez des trous et lorsque vous dessinez et annotez en gravant. Au besoin laisser raffermir l'argile 1 heure à l'air libre.

Variante
Vous pouvez aussi ajouter les 4 saisons et les illustrer.

Remarque
Les petits morceaux de rameaux seront déplacés quotidiennement dans le trou adéquat pour indiquer la date du jour.

MAISON

Retrouver la méthode ancestrale de construction en terre crue pour bâtir la maison de ses rêves. Se retrouver confronté à la pesanteur.

Technique utilisée
Modelage dans la masse par pression

Matériel
- 1 à 3 kg d'argile rouge avec chamotte de 0,5 mm
- 1 planche en aggloméré de 40 x 40 cm
- Du papier journal
- 1 couteau en plastique

Réalisation

1 - Arracher des bouts de terre à la masse d'argile assez molle et mettre en place, sur la planche, le pourtour de la maison. Imaginer sa forme, son volume, son agencement.

2 - Froisser quelques feuilles de papier journal qui serviront de support pour la construction de la maison. Les garder à disposition pour bourrer l'intérieur dès que cela s'avère nécessaire pour éviter qu'elle ne s'effondre.

3 - Monter la maison en pressant des petits bouts d'argile qui se chevauchent les uns les autres en commençant par un côté. Élever les murs d'une pièce et refermer la voûte. Construire ainsi la maison volume après volume et réserver des passages entre les pièces et vers l'extérieur.

4 - Utiliser le couteau pour découper les ouvertures laissant entrer la lumière.

5 - Laisser sécher à l'air libre.

Pense-bête
L'utilisation de terre-papier respectera au mieux l'authenticité des maisons en terre crue, elles-mêmes renforcées de fibres végétales pour résister au temps.

Variante
L'élaboration d'une maison peut également se faire par montage de plaques ou être modelée dans la masse. Lorsque les enfants connaissent les différentes approches du travail de la terre, le thème de la maison peut être abordé en laissant le choix de la technique.

SOLITAIRE

Découvrir le jeu du solitaire et ordonner minutieusement les creux sur un plateau. Cette réalisation fait appel à des notions de logique, de géométrie et d'habileté manuelle.

Techniques utilisées
Modelage dans la masse par pression / Plaque

Matériel
- 1 feuille de papier de 20 x 20 cm
- 1 crayon
- 1 règle
- 1 paire de ciseaux
- 1 kg d'argile rouge avec chamotte de 0,5 mm pour le plateau
- 200 g d'argile noire avec chamotte de 0,5 mm pour les billes
- 2 planches en aggloméré de 40 x 40 cm
- 1 rouleau
- 2 lattes de 10 mm d'épaisseur
- 1 couteau en plastique
- 1 épingle • 1 bille

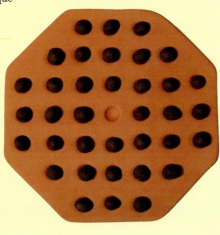

Règles du jeu de solitaire
Les boules sont placées sur le plateau, le creux central restant libre. Le but du jeu est d'éliminer les billes, la dernière se retrouvant au milieu. Une boule passe par-dessus une autre, placée à droite, à gauche, au-dessus ou en dessous, pour atteindre un espace libre. La boule dépassée est ôtée du jeu.

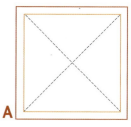
A

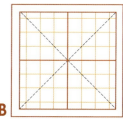
B

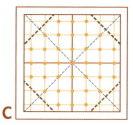
C

Réalisation

1 - Plier la feuille de papier pour marquer les diagonales, le centre du solitaire correspondant au croisement des plis (croquis A).

2 - Tracer les médianes à l'aide du crayon et de la règle. Tracer ensuite des lignes parallèles de part et d'autre de chaque médiane à 3 cm de distance (croquis B). La feuille est ainsi quadrillée de 3 cm en 3 cm.

3 - Replier les coins de la feuille pour former un octogone qui aura des côtés de 8 cm de longueur (croquis C). Couper les coins.

4 - Étaler l'argile rouge pétrie ou prélevée d'un pain neuf, sur la planche, à l'aide du rouleau guidé par les deux lattes (voir page 28). Soulever la terre de temps en temps pour qu'elle s'étale plus facilement.

5 - Décoller le plateau de la planche et retourner cette dernière afin de pouvoir le poser sur une surface sèche. Poser dessus le patron de papier et couper les débords d'argile au couteau.

6 - Marquer l'emplacement de chaque boule à travers la feuille en perçant la surface de la terre à l'aide d'une épingle, au niveau des croisements des traits.

7 - Enlever le papier et enfoncer une bille, environ au tiers de sa hauteur dans chaque trou pour former les creux. Lui donner un mouvement de rotation (comme pour visser) tout en la pressant et procéder de même pour la retirer. Si la marque n'est pas nette et que la bille reste collée, il faut attendre 1 à 2 heures que l'argile sèche en surface.

8 - Se laver les mains et rouler les 36 boules nécessaires pour jouer entre les paumes des mains avec la terre de couleur noire. Les laisser sécher quelques jours à l'air libre.

9 - Pour le séchage du plateau, le recouvrir avec la seconde planche en évitant de comprimer le montage. Vérifier au bout de deux jours que la terre n'adhère pas. Remettre en place et laisser sécher encore quelques jours, puis enlever définitivement cette planche et laisser ainsi une semaine.

10 - Effectuer une cuisson de biscuit à une température adaptée aux argiles.

Variantes
La réalisation du solitaire peut être simplifiée en lui donnant une forme libre et en creusant avec la bille sans utiliser de patron. Respectez tant l'alignement que le nombre de creux. La réalisation peut gagner en complexité en rajoutant une rigole, creusée à la mirette et lissée au doigt, pour recevoir les boules éliminées : le plateau est alors plus grand.

TORTUE

Réaliser une poterie destinée au rangement de crayons, de stylos ou de feutres.

Techniques utilisées
Modelage dans la masse par pression / Plaque / Empreintes

Matériel
- 1 kg d'argile rouge avec chamotte de 0,5 mm
- 1 planche en aggloméré de 40 x 40 cm
- 1 rouleau
- 2 lattes de 10 mm d'épaisseur
- 1 objet repère de 16 cm de diamètre (petite assiette, bol, ramequin…)
- 1 couteau en plastique
- 1 cure-dents
- 1 pot de barbotine rouge
- 1 pinceau usagé
- 1 ébauchoir
- 1 bâtonnet de 5 mm de diamètre
- 2 lattes de 5 mm d'épaisseur
- Du papier journal
- 1 fourchette
- 1 sac plastique

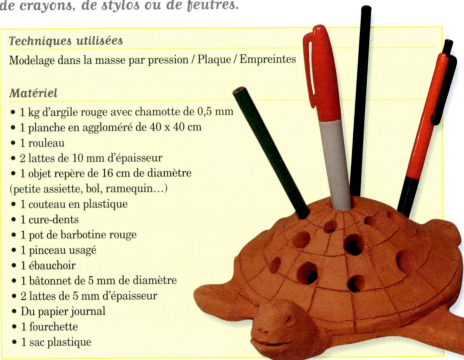

Variante
Si vous ne souhaitez pas faire cuire le porte-crayons, laissez la tortue avec la carapace posée sur le papier se raffermir environ 2 heures à l'air libre. Retirez le papier avant d'assembler le corps et la carapace et utilisez un couteau pour faire les trous.

Réalisation

1 - Rouler 600 g d'argile bien pétrie en boule, sur la planche. Poser une latte de 10 mm d'épaisseur de chaque côté et aplatir la terre avec le rouleau pour former la base de la tortue.

2 - Poser l'objet repère, par exemple un bol, à l'envers sur l'argile et couper le débord pour obtenir un disque de 16 cm de diamètre.

3 - Utiliser les chutes d'argile coupée pour modeler la tête, les pattes et la queue. Les mettre en place après avoir gratté avec le cure-dents et enduit de barbotine les surfaces qui se toucheront. Travailler les jointures à l'ébauchoir. Marquer les yeux avec le bâtonnet, les narines avec le cure-dents, la bouche et les pattes avec l'ébauchoir.

4 - Étaler une boule de 400 g d'argile pour former la carapace, à l'aide du rouleau et des lattes de 5 mm d'épaisseur. Poser à nouveau l'objet repère et couper un disque plus grand que le précédant à 1 cm de son bord.

5 - Froisser du papier journal, le poser sur la base de la tortue et placer par-dessus le disque de 18 cm de diamètre. Ajuster les bords en les recoupant éventuellement. Enlever la carapace et strier toutes les surfaces à assembler avec la fourchette et enduire de barbotine. Remettre en place avec le papier et presser pour assembler.

6 - Quadriller la structure de la carapace à l'aide du cure-dents. Percer des trous de diamètres variés en enfonçant l'ébauchoir dans un mouvement de rotation plus ou moins ample.

7 - Laisser sécher quelques heures à l'air libre pour éviter que le porte-crayons ne s'affaisse. Le couvrir ensuite d'un sac plastique pendant une semaine et finir le séchage à l'air pour une durée analogue.

8 - Procéder à une cuisson de biscuit à la température conseillée pour l'argile. Le papier journal sera réduit en cendres par la cuisson.

VASE AU COLOMBIN

Réaliser une grande pièce grâce à la technique du colombin.

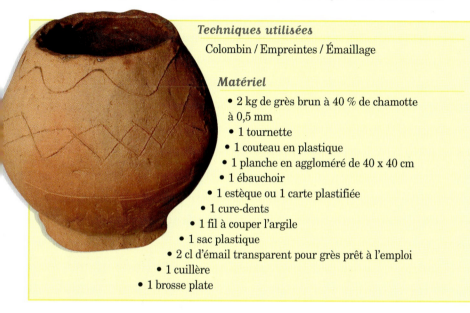

Techniques utilisées

Colombin / Empreintes / Émaillage

Matériel

- 2 kg de grès brun à 40 % de chamotte à 0,5 mm
- 1 tournette
- 1 couteau en plastique
- 1 planche en aggloméré de 40 x 40 cm
- 1 ébauchoir
- 1 estèque ou 1 carte plastifiée
- 1 cure-dents
- 1 fil à couper l'argile
- 1 sac plastique
- 2 cl d'émail transparent pour grès prêt à l'emploi
- 1 cuillère
- 1 brosse plate

Vase monté par Jérôme, 10 ans.

Réalisation

1 - Poser une boule de terre bien pétrie et assez molle, d'environ 200 g, au milieu d'une tournette et la frapper jusqu'à ce qu'elle s'aplatisse sur 1 cm d'épaisseur pour former le fond du vase.
2 - Se servir des cercles concentriques de la tournette pour couper un disque régulier et bien centré. Il restera collé tout au long du travail sur la tournette.
3 - Rouler un boudin de terre sur la planche avec les deux mains pour créer un colombin régulier (voir page 31). Il doit faire un tour entier sur lui-même dans un mouvement de va-et-vient.
4 - Poser le colombin sur la base, croiser et couper ses extrémités au couteau pour pouvoir le refermer en les pressant l'une contre l'autre tout en les lissant.
5 - Souder le colombin, en poussant de la terre vers la base à l'extérieur, puis à l'intérieur. Essayer de déplacer la tournette par de petites impulsions lors du travail, plutôt que de faire le tour du pot pour souder. L'ébauchoir peut remplacer le doigt pour assembler les colombins.
6 - Préparer d'autres colombins et les assembler les uns après les autres de la même manière. Les deux mains travaillent ensemble : la première pour souder, la seconde est posée de l'autre côté de la paroi pour la maintenir.
7 - Lisser de temps à autre avec une estèque ou une carte plastifiée en raclant les excédents de terre pour gommer les irrégularités.
8 - Dessiner des motifs décoratifs sur le vase terminé avec un cure-dents. Passer un fil à couper plaqué sur la tournette pour désolidariser le vase de celle-ci et le poser sur la planche.
9 - Commencer le séchage en couvrant le vase d'un sac plastique durant une dizaine de jours et puis découvrir pendant une semaine.
10 - Procéder à une cuisson de biscuit à 900 °C.

Finition

11 - Appliquer l'émail préalablement mélangé avec la cuillère, à l'intérieur du vase en une seule couche avec une brosse plate. Veiller à bien recouvrir toute la surface intérieure.
12 - Procéder à une seconde cuisson à la température de fusion indiquée pour l'émail.

À noter

Hauteur, profil et finition dépendront de l'évolution de la forme, difficile à maîtriser lors de l'apprentissage. Empilez des colombins de même longueur pour un vase cylindrique. Pour créer une forme évasée, posez des colombins de plus en plus longs. Inversement, pour rétrécir l'ouverture, ils devront être de plus en plus courts.

Pense-bête

Pour éviter qu'une pièce au colombin ne s'évase systématiquement, veillez à bien entourer la paroi avec votre main là où l'autre main travaille afin qu'elle s'oppose à la poussée. Travaillez debout, rapprochez la tournette et assemblez les colombins dans un mouvement vertical, sans les tirer vers vous.

PHOTOPHORE

Construire un volume par l'assemblage de formes géométriques simples.

Technique utilisée
Plaque

Matériel
- 1,5 kg d'argile rouge avec chamotte de 0,5 mm
- 1 planche en aggloméré de 40 x 60 cm
- 1 rouleau
- 2 lattes de 5 mm d'épaisseur
- 1 cure-dents
- 1 règle
- 1 petit couteau
- 1 fourchette
- 1 pot de barbotine rouge
- 1 pinceau usagé
- Du papier journal
- 1 sac plastique
- 1 bougie chauffe-plats

À noter
Il est possible de découper l'argile avec un patron en papier réalisé au préalable d'après les cotes souhaitées. La découpe peut également se faire de façon plus spontanée en commençant par couper un triangle sans cotes précises. Reprendre alors la longueur de chaque côté du triangle pour déterminer la largeur des côtés du photophore, puis tracer et couper des rectangles en fonction de la hauteur du photophore.

Conseil
Si les assemblages se détachent lors du montage, les renforcer avec un fin boudin de terre posé dans le creux des angles à l'intérieur avec un ébauchoir, et lisser l'extérieur avec les doigts, en appuyant fortement.

Pense-bête
Le temps d'attente pour le séchage des plaques peut être réduit en les posant sur un carreau de plâtre. Si vous voulez poursuivre le montage un autre jour, conservez les plaques entre 2 feuilles de film transparent alimentaire.

Réalisation
1 - Poser de l'argile bien homogène sur une planche et placer de chaque côté une latte. L'étaler avec le rouleau en soulevant régulièrement la plaque (voir page 28).
2 - Poser la plaque étalée sur la surface sèche de la planche retournée.
3 - Tracer sur la plaque d'argile, au cure-dents et à la règle, les contours des quatre petites plaques qui composent ce photophore. La base est un triangle équilatéral de 12 cm de côté. Les trois côtés sont des rectangles, dont la largeur correspond aux dimensions des côtés du triangle (12 cm) et la longueur, à la hauteur du photophore (15 cm). Couper ces plaques avec le couteau. Rassembler les chutes d'argile, les pétrir et les ranger.
4 - Laisser les plaques se raffermir environ 2 heures à l'air libre. Elles doivent rester humides et ne pratiquement plus se déformer lorsqu'on les soulève.

Finition
5 - Couper les bords longs des rectangles en biseau pour faciliter le montage des côtés du photophore. Strier à la fourchette toutes les surfaces qui se toucheront à l'assemblage et les enduire de barbotine.
6 - Poser les montants sur la base et presser vigoureusement tout le long de leurs arêtes. Retourner le photophore, presser et lisser les jointures de la base.
7 - Remplir le photophore de papier journal froissé et le poser sur la planche. Réaliser ensuite les découpes des côtés au couteau. Le papier évite les déformations de la paroi et donne un appui au couteau.
8 - Poser un sac plastique sur le photophore et laisser sécher une semaine. Découvrir, retirer le papier et laisser sécher encore une semaine à l'air libre.
9 - Procéder à une cuisson de biscuit à température de maturation de l'argile.
10 - Placer la bougie au fond du photophore.

BUSTE

Réaliser un travail sur les proportions, l'anatomie, l'analyse de l'expression en modelant son propre visage, celui d'un personnage célèbre ou celui d'un camarade.

Techniques utilisées
Modelage dans la masse par pression et retrait / Empreintes

Matériel
- 5 à 10 kg d'argile blanche avec chamotte d'1 mm
- 1 planche de 30 x 30 cm
- 1 ébauchoir
- 1 miroir
- 1 fourchette
- 1 fil à couper l'argile
- 1 sac plastique

Réalisation

1 - Prélever l'argile sur un pain neuf et la poser sur la planche. Donner au buste la forme générale par pression sur la masse d'argile. Dégager le cou en arrachant de la terre. Observer un camarade.

2 - Placer quelques repères en marquant l'argile avec l'ébauchoir. Diviser l'espace en deux entre le sommet de la tête et le menton par une ligne médiane horizontale, les yeux se placeront de part et d'autre de cette ligne. Diviser l'espace entre cette ligne et le menton également en deux : le nez et les oreilles occupent toute la hauteur de l'espace supérieur. Étudier son propre visage dans le miroir.

3 - Creuser par pression des doigts les orbites oculaires, plaquer de la terre pour former le nez et la bouche. Utiliser l'ébauchoir pour marquer les yeux, les narines et les lèvres. Repousser ou enlever de la terre pour mettre en place les creux et les saillies du visage. Imaginer les os et les muscles recouverts par la peau. Se référer éventuellement à des ouvrages d'anatomie.

4 - Étaler des bouts d'argile en les frappant avec la paume de la main sur la planche. Les plaquer sur la tête pour rallonger la chevelure. Lisser l'assemblage au doigt, puis strier l'ensemble de la chevelure avec la fourchette.

5 - Passer le fil sous le buste pour éviter qu'il ne colle à la planche et ne se fissure au séchage. Laisser sécher ainsi pendant un mois couvert d'un sac plastique en aménageant une circulation d'air, puis finir le séchage à l'air libre.

Buste de Kathrin, 10 ans.

À noter
Donner forme à un buste est un travail tout en force : il faut frapper, arracher, plaquer et pousser l'argile avec les mains. C'est également un travail d'observation : il faut définir la forme générale à donner au buste et la mettre en place.

Pense-bête
Si vous voulez cuire le buste, il faut l'évider. Coupez-le en deux lorsqu'il est un peu raffermi à l'aide du fil et enlevez l'argile à la mirette (voir page 27). Recollez ensuite les deux parties striées et enduites de barbotine. Effacez les traces d'assemblage en lissant avec le doigt et répartissez le séchage sur une durée d'un mois.

TIRELIRE

Modeler une forme, en creuser l'intérieur, découper des ouvertures pour y glisser et en retirer ses économies.

Techniques utilisées
Modelage dans la masse par pression et par ajout / Évidement / Émaillage

Matériel
- 1,5 kg d'argile avec chamotte de 0,5 mm
- 1 cure-dents
- 1 pot de barbotine
- 1 pinceau usagé
- 1 ébauchoir
- 1 bâtonnet en bois de 5 mm de diamètre
- Du film plastique alimentaire
- 1 fil à couper l'argile
- 1 mirette
- 1 règle
- 1 petit couteau
- 1 sac plastique
- 6 cl d'émail bleu clair prêt à l'emploi (adapté à l'argile)
- 1 cl d'émail bleu foncé prêt à l'emploi (adapté à l'argile)
- 1 cuillère
- 1 brosse plate
- 1 bouchon en plastique de 35 mm de diamètre

Réalisation

1 - Pétrir une argile molle. En prélever 1 kg et la compacter en la frappant avec les mains. Presser la masse pour en faire un gros boudin qui sera le corps du cochon.

2 - Former la tête avec une boule de 200 g d'argile. Aplanir les zones d'assemblage du corps et de la tête en les tapotant. Les gratter ensuite avec le cure-dents, les enduire de barbotine et les appuyer l'une contre l'autre. Fignoler avec un ébauchoir en ajoutant de la terre à la jointure.

3 - Modeler le groin, les oreilles, la queue et les pattes dans le restant de terre. Assembler ces différentes parties en procédant comme à l'étape 2. Retourner le cochon pour assembler les pattes. Le remettre à l'endroit et le caler par des bouts d'argile placés sous son ventre afin d'éviter l'écrasement des pattes par le poids du corps.

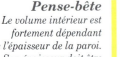

Pense-bête
Le volume intérieur est fortement dépendant de l'épaisseur de la paroi. Son épaisseur doit être inférieure à 1 cm. L'évidement est un travail minutieux qu'il faut effectuer progressivement. Si par mégarde la paroi se perce, comblez le trou avec de la terre molle et lissez avec le doigt.

Tirelire modelée par Raphael, 10 ans.

4 - Marquer les yeux et les narines avec le bâtonnet, puis entourer les oreilles et la queue de film plastique alimentaire pour freiner leur séchage. Laisser le cochon se raffermir à l'air libre durant 4 à 6 heures, ou quelques jours couvert de plastique avec une petite circulation d'air.

Finition

5 - Enlever les cales et couper le corps du cochon en deux à l'aide du fil dans la largeur (voir page 27). Creuser le corps à l'aide de la mirette en prenant soin de ne pas déformer la paroi. Enlever un maximum d'argile.

6 - Remettre les deux parties en place : strier les bords de la paroi, appliquer de la barbotine et presser pour assembler. Afin d'effacer toute trace de jointure, plaquer dessus de la terre molle et lisser avec le doigt.

7 - Tracer, à l'aide du cure-dents et de la règle, un rectangle de 8 x 35 mm sur le dos du cochon. Se servir d'un couteau pour couper ce rectangle dans la paroi et l'enlever.

8 - Retourner le cochon et tracer un cercle de 38 mm de diamètre. Couper l'argile pour créer une autre ouverture. Cette ouverture est plus grande que le bouchon : elle rétrécira d'environ 10 % au séchage et à la cuisson.

9 - Faire sécher la tirelire couverte d'un sac plastique, puis partiellement couverte et enfin, enlever la protection des oreilles et de la queue et laisser le tout à l'air libre. Prévoir une semaine par étape.

10 - Procéder à la cuisson de biscuit à 900 °C.

Décoration

11 - Appliquer l'émail clair, bien mélangé à l'aide de la cuillère, sur la surface de la tirelire avec une brosse plate en l'étalant si possible toujours dans le même sens. Ne pas en mettre sur les extrémités qui seront émaillées en dernier. Attendre 10 minutes pour que l'émail sèche. Poser une deuxième couche perpendiculairement à la première. Selon les indications du fabricant une troisième couche sera peut-être nécessaire, la croiser à nouveau.

12 - Appliquer l'émail foncé mélangé sur le groin, les oreilles, les pattes et la queue de la même manière. Ne pas poser plus de deux couches d'émail sur les extrémités des pattes pour éviter les coulures à la cuisson et ne pas en mettre en dessous.

13 - Procéder à une seconde cuisson dont la température sera celle de la température de fusion des émaux.

14 - Mettre le bouchon en place.

Le ventre du cochon permet de retirer ses économies.

VASQUE SUR PIED

Expérimenter les possibilités de la superposition ou de l'assemblage d'éléments pour réaliser des pièces de grande taille.

Techniques utilisées
Colombin / Modelage dans la masse par pression

Matériel
- 3 kg de grès brun à 40 % de chamotte à 0,5 mm
- 1 planche en aggloméré de 40 x 40 cm
- 1 couteau en plastique
- 1 tournette
- 1 estèque
- Du film plastique alimentaire
- 1 ébauchoir
- 1 pot de barbotine brune
- 1 pinceau usagé
- 1 fil à couper l'argile
- 1 sac plastique

Réalisation

1 - Poser un boudin de 150 g de terre molle et pétrie sur la planche. Le rouler en appuyant avec les deux mains dans un geste de grande amplitude, pour en faire un colombin (voir page 31). Couper les extrémités, assembler les surfaces planes en les pressant l'une contre l'autre et lisser avec le doigt. Poser ce colombin sur la tournette en le centrant, il chevauchera l'un des cercles concentriques.

2 - Modeler un autre colombin coupé un peu plus court et le poser sur le premier en décalant la position des jointures. Assembler en poussant la terre avec les doigts du bas vers le haut à l'extérieur, puis du haut vers le bas à l'intérieur. Placer la seconde main de l'autre côté de la paroi pour avoir un appui.

3 - Empiler des colombins de plus en plus courts et souder à chaque fois : la forme se resserre. Lisser avec une estèque. Entourer le bord supérieur d'un film plastique et laisser le pied de la vasque se raffermir 2 heures.

Pense-bête
Pour éviter qu'à l'utilisation l'eau ne stagne par un arrosage excessif, percer un trou de 1 cm de diamètre dans le fond de la vasque avec un ébauchoir avant que la terre ne sèche.

Finition

4 - Former une boule avec 300 g d'argile et la creuser avec un doigt. Agrandir progressivement l'ouverture en exerçant une pression du pouce placé à l'intérieur, vers les autres doigts de la main placés à l'extérieur, dans un mouvement de rotation constant. S'arrêter lorsque l'épaisseur de la paroi est semblable à celle du pied.

5 - Retirer le film plastique de protection du pied et poser dessus la base de la vasque modelée dans la masse. Entourer la jointure d'un colombin et étaler la terre pour souder les deux parties au doigt ou à l'ébauchoir.

6 - Poursuivre le montage de la vasque avec de nouveaux colombins, les assembler et lisser à l'estèque.

7 - Modeler un décor à partir de petits bouts de terre pressés les uns sur les autres. Les fixer sur la vasque après avoir strié à l'ébauchoir et enduit de barbotine les points de contact.

8 - Passer le fil à couper sous la vasque pour pouvoir la décoller de la tournette et la placer sur la planche. Poser dessus un sac plastique et laisser ainsi une dizaine de jours, puis découvrir et laisser sécher encore une semaine à l'air libre.

9 - Procéder à une cuisson de biscuit prolongée jusqu'à 1 280 °C.

Vasque sur pied montée par Virginie, 13 ans.

GLOSSAIRE

Argile, glaise, pâte, pâte céramique, terre, terre glaise, terre à poterie
Ces termes génériques désignent tous la matière première utilisée pour la poterie dont la composante de base est un silicate d'alumine hydraté.

Argile autodurcissante
Cette argile contient un durcisseur qui l'empêche, une fois sèche, d'être friable.

Argile cellulosique
Voir Terre-papier.

Barbotine
Mélange d'argile et d'eau. À consistance de boue épaisse, la barbotine est utilisée pour coller sur une pièce des parties rapportées (comme des anses, par exemple). Onctueuse, elle est mélangée à des fibres de cellulose pour former de la barbotine cellulosique nécessaire à la préparation de la terre-papier et sert à faire des assemblages, des réparations et à colmater des fissures. Liquide et fine, la barbotine de coulage sert à réaliser des pièces dans des moules en plâtre.

Bentonite
Une variété d'argile extrêmement fine utilisée en additif pour augmenter la plasticité d'une argile ou maintenir les émaux en suspension.

Biscuit
État d'une terre cuite prête à recevoir un décor émaillé.

Biscuiter
Cuire une pièce en argile pour qu'elle durcisse définitivement. On parle alors de *poterie*, de *terre cuite*.

Calibrer
Technique de fabrication de formes creuses ou plates comme des assiettes. L'argile est étalée à la main dans un moule en plâtre en rotation, puis façonnée grâce à un gabarit monté sur un axe qui vient se poser en chassant l'argile superflue.

Céramique, poterie
Objet en argile durci par le feu. Par extension, la fabrication de ces objets. La poterie désigne aussi l'atelier du potier.

Chamotte
Petits morceaux de terre cuite ajoutés à l'argile pour lui donner de la tenue et en faciliter la mise en forme, le séchage et la cuisson. Leur taille peut aller jusqu'à 2 mm.

Colombin
Boudin d'argile cylindrique et long qui, empilé et soudé à d'autres colombins, permet de monter des pièces.

Cône pyrométrique
Cône pyramidal en terre à usage unique, dont le point de fusion est connu. Il est placé dans le four avant la cuisson. Posé dans un support qui le maintient légèrement penché, le cône s'incline parallèlement au sol lorsque son point de fusion est atteint. Si cette température est dépassée, il fond et se plie. S'il n'a pas bougé, la température n'a pas été atteinte. Les cônes sont calibrés par tranches de 20 °C et couvrent tout l'éventail des températures de cuisson. On parle également de *montre fusible*.

Consistance du cuir
La consistance particulière de la terre assez ferme pour ne plus vraiment se déformer, sans toutefois être sèche ou cassante. À ce stade, elle peut être assemblée, tournassée, fignolée.

Coulage
Technique consistant à verser de la barbotine dans un moule en plâtre pour fabriquer une pièce. Une partie de l'eau est absorbée par le moule, la terre forme alors des parois fines et régulières. Le surplus de barbotine est enlevé et réutilisé.

Couverte
Voir Émail.

Cuisson de biscuit
Cuisson effectuée pour durcir l'argile, également appelée *dégourdi*. Une lente montée en température en début de cuisson est essentielle pour éviter l'éclatement des pièces. On parle de *première cuisson* lorsque la poterie est émaillée par la suite.

Cuisson d'émail
Cuisson qui transforme la poudre d'émail posée sur une poterie en une matière vitreuse et vernissée. Elle est

appelée *seconde cuisson* lorsqu'elle suit la cuisson de biscuit. Selon la technique utilisée, une pièce peut subir plusieurs cuissons d'émail.

Cuisson *raku*
Technique japonaise de cuisson rapide: le défournement se fait lorsque l'émail fond, provoquant un choc thermique et des effets intéressants de craquelures. Les pièces brûlantes sont placées dans de la sciure pour être enfumées.

Dégourdi
Voir Cuisson de biscuit.

Ébauchoir
Outil en bois de formes et de tailles variées qui sert à travailler la terre dans ses moindres recoins.

Émail
Mélange de silice, fondants et oxydes. Mis en suspension dans l'eau et appliqué sur les poteries, l'émail se transforme en une couche vitreuse après cuisson. On le trouve sous d'autres dénominations comme *couverte*, *glaçure* et *vernis*.

Émaillage
Action d'appliquer une ou plusieurs couches d'émail en suspension dans l'eau.

Engobe
Mélange de terre et d'eau, souvent additionné d'oxydes colorants pour obtenir des couleurs variées. L'engobe sert à masquer le tesson ou à le décorer. Il est généralement recouvert d'un émail transparent.

Engobe de protection
Mélange à base d'alumine, de kaolin, et d'eau, appliqué sur les plaques d'enfournement afin de les protéger des coulures d'émail.

Estampage
Action de presser la terre contre un support pour qu'elle en prenne la forme et la structure.

Estèque
Palette en bois, en caoutchouc, en métal ou en plastique qui sert à racler et lisser la terre. Lors du travail au tour, elle aide à la mise en forme.

Évider
Enlever l'excédent de terre pour former un volume intérieur ou pour affiner les parois d'une pièce.

Faïence
Argile commune pouvant être cuite entre 900 et 1 100 °C. Une faïence reste poreuse après cuisson. On parle d'une *faïence* ou d'une *majolique* lorsque cette argile est couverte d'un émail le plus souvent blanc avec un décor peint en couleur.

Fondant
Adjuvant qui améliore la fusion de l'argile ou de l'émail.

Fritte
Mélange de fondants précuits et broyés, entrant dans la composition de certains émaux, qui réduit la toxicité de leur préparation.

Fusion
Passage de la matière à un état liquide. La cuisson d'un émail est arrêtée lorsque sa température de fusion est atteinte.

Girelle
Plateau mobile du tour de potier sur lequel l'argile est mise en forme.

Glaçure
Voir Émail.

Grès
Terre pouvant être cuite entre 1 200 et 1 300 °C. Lors de cette cuisson, le grès subit un début de vitrification, il devient étanche et résistant au gel.

Kanthal
Société commercialisant des produits conçus à partir d'un alliage (à base de fer, de chrome et d'aluminium), découvert par Von Kantzow en 1931, utilisé pour la fabrication des résistances de fours électriques et supportant des températures très élevées. On parle communément de *fil Kanthal*.

Kaolin
Composant de base de la porcelaine. Cette argile primaire est extraite à l'endroit même où elle s'est formée, ce qui explique sa pureté et sa blancheur. Certains émaux contiennent du kaolin.

Malléabilité
Faculté que possède l'argile d'être étalée et mise en forme.

Maturation
Degré de solidification optimal d'une argile obtenu par une cuisson à température indiquée par le fabricant.

Mirette
Outil composé d'un anneau métallique, parfois coupant, fixé sur un manche et utilisé pour enlever les excédents de terre.

Modelage dans la masse
Mise en forme d'un bloc d'argile par la pression des doigts.

Montre fusible
Voir Cône pyrométrique.

Opacifiant
Additif destiné à rendre l'émail opaque et à masquer la couleur du tesson. Un émail blanc et opaque contient le plus souvent de l'oxyde d'étain.

Oxyde colorant, oxyde métallique
Poudre fine de métal oxydé qui colore l'émail, l'engobe et la terre. Le métal est lié à l'oxygène, et selon la quantité d'oxygène libérée à la cuisson, la coloration varie. On le trouve sous diverses dénominations: oxyde, bioxyde, carbonate…

Plaque
Technique qui consiste à utiliser de la terre étalée, à l'aide, par exemple, d'un rouleau, pour former la paroi d'une pièce.

Plaque d'enfournement
Matériel de cuisson fabriqué à partir de terre réfractaire qui sert à superposer sur différents niveaux des poteries dans un four.

Plaque de plâtre
Support pour la préparation de l'argile. Permet d'accélérer le retrait d'eau de la terre. Sa surface est fragile et ne résiste pas aux outils en bois ou en métal.

Plasticité
Faculté que possède l'argile de prendre des formes variées et de les conserver.

Porcelaine
Terre très blanche dont la composante de base est le kaolin. La cuisson entre 1 300 et 1 400 °C la transforme en une pâte compacte, translucide et quasiment vitrifiée.

Réfractaire
Qui supporte des températures très élevées. Les briques d'un four ou le matériel d'enfournement sont *réfractaires*.

Retrait
Réduction de la taille d'une poterie due à l'évaporation de l'eau et à la transformation de l'argile en matière dure.

Support d'enfournement
Élément en terre réfractaire placé sous les poteries lors d'une cuisson d'émail, pour éviter qu'elles ne collent sur la plaque en cas de coulures d'émail. Les piques sont des barrettes à section triangulaire. Les *trépieds* ou *pattes de coq* servent à soutenir une pièce en trois points.

Tamis
Trame de fils métalliques ou synthétiques calibrés et montés sur un support. On utilise un tamis fin n° 80 ou n° 100 pour passer la poudre d'émail ou d'engobe et un tamis n° 60, à mailles un peu plus larges, pour passer la terre.

Terra-cotta
Terre cuite rouge à forte teneur en oxyde de fer.

Terre-papier
Il s'agit d'argile mélangée à des fibres de cellulose provenant de papier. Les fibres renforcent l'argile à modeler qui peut être travaillée tout en finesse ou en épaisseur. Une fois sèche, elle est compacte. Les assemblages se font à tous les degrés d'humidité : humide sur humide, sec sur humide ou sec sur sec. Elle est également appelée *argile cellulosique* ou *paperclay*.

Tesson
Argile cuite formant le corps d'une céramique. C'est aussi un morceau de céramique cassée.

Tournage
Mise en forme à l'aide des mains d'un objet en rotation sur un tour de potier.

Tournassage
Travail d'affinage et de finition d'une forme tournée réalisé après son raffermissement à consistance du cuir.

Tournette
Plateau que l'on fait tourner manuellement, servant à poser l'argile pour la monter au colombin, ou pour décorer une pièce sur toutes ses faces sans avoir à la soulever.

Vernis
Voir Émail.

Vitrification
Transformation d'une matière en verre ou en une substance ayant l'apparence du verre.

ADRESSES UTILES

Voici une liste non exhaustive de sites Internet où vous pouvez trouver des adresses de magasins, acheter en ligne et obtenir des informations complémentaires.

Fournitures pour loisirs créatifs

Arthéïs
http://www.arteis-france.com
Une quinzaine de magasins spécialisés en loisirs créatifs.

Rougier & Plé
http://www.rougier-ple.fr
Articles pour les loisirs artistiques, arts graphiques et beaux-arts.
Vente en ligne, magasins à Paris et en province.

Cultura
http://www.cultura.com
Plus de cinquante grandes surfaces dédiées aux livres, à la musique, aux loisirs créatifs... Vente en ligne.

Dalbe
http://www.dalbe.fr
Nombreux points de vente et une boutique en ligne spécialisés dans les beaux-arts et les loisirs créatifs.

10 doigts
http://www.10doigts.fr
Articles de loisirs créatifs pour petits et grands.
Magasin d'entrepôt et drive à Villeneuve d'Ascq (59), boutique en ligne.

Le géant des beaux-arts
http://www.geant-beaux-arts.fr
Fournitures pour artistes (peintres, graphistes, sculpteurs, céramistes…).
Magasins et vente en ligne.

Fournisseurs spécialisés en céramique

Ceradel
http://www.ceradel.fr
Fournisseur de matériel et de produits céramiques pour l'industrie, l'artisanat d'art et les loisirs créatifs.
Boutiques, points relais et revendeurs en France et à l'étranger, vente en ligne.

Colpaert
http://www.colpaert-ceramic.be
Fournisseur pour céramistes et sculpteurs, professionnels et grand public.
Magasin à Nevele près de Gand en Belgique, et vente en ligne.

Lehmhuus
http://shop.lehmhuus.ch
Vente de matériel et de produits céramiques pour professionnels et amateurs.
Magasin à Aesch près de Bâle en Suisse, et boutique en ligne.

Passion céramique
http://www.passionceramique.com
Vente en ligne de matériel pour la fabrication et la décoration des céramiques.

Peter Lavem
http://www.peterlavem.com
Vente de fournitures céramiques aux professionnels, collectivités et particuliers.
Boutique en ligne et magasin à Chennevières-sur-Marne (94).

Solargil
http://www.solargil.com
Fournisseur de matériel et de produits céramiques pour les professionnels et les loisirs créatifs.
Vente en ligne, magasins et nombreux revendeurs.

Divers

La céramique et la poterie
http://ceramique.poterie.free.fr
Liliane Tardio-Brise vous fait découvrir la céramique et lapoterie, des céramistes contemporains et les livres dont elle est l'auteure.

ImagineCeramic
http://www.ceramique.com
Librairie en ligne spécialisée en céramique.
Petites annonces, informations concernant les expositions, musées, stages et formations…

Majuscule – http://www.majuscule.eu
Sadel & NLU – http://www.savoirsplus.fr
Pichon - http://www.pichon.fr
Vente à distance de fournitures scolaires et de matériel éducatif pour les écoles et les collectivités.

La revue de la céramique et du verre
http://www.revue-ceramique-verre.com
Une revue bimestrielle spécialisée dans les arts du feu. Edition de livres notamment *Le Guide des Céramistes* qui présente le travail de céramistes français, belges, luxembourgeois et suisses avec leurs coordonnées.

Smart.Conseil
http://smart2000.pagesperso-orange.fr
Site truffé de conseils, d'annonces et d'informations techniques et toxicologiques.

REMERCIEMENTS

Mes remerciements vont à :

François Rapp, directeur de l'école Galilée de Saint-Louis, qui m'a communiqué son enthousiasme et son dévouement pour les enfants et m'a accordé sa confiance.

Maïté Loew pour son soutien de longue date, Yves Deckert pour ses conseils en matière de photo et « les As » pour le matériel.

La ville de Saint-Louis dans le Haut-Rhin qui m'a permis d'accueillir des enfants dans de très bonnes conditions grâce à un atelier de poterie moderne et bien équipé.

Les enfants de l'école maternelle Petite Camargue de Saint-Louis et leur directrice Fabienne Glauser pour son accueil chaleureux.

Chantal et Philippe Muller dont le jardin s'est prêté à une belle après-midi récréative avec les enfants de Hagenthal-le-Haut.

Caroline, Claire, Floriane, Géraldine, Jérôme, Jessica, Jonathan, Kathrin, Marlène, Patrice, Raphael, Séverine et Virginie qui ont conservé soigneusement leurs créations.

Merci à Floriane Maehr et à Patrice Tardio pour leur collaboration.
Merci à Joe et Raphael Tardio pour leur efficiente coopération ponctuelle.

Avec toute ma reconnaissance aux Éditions Eyrolles, notamment à Élisabeth de Montmarin, directrice éditoriale adjointe, et à Nathalie Tournillon, éditrice, qui ont prêté attention à mon manuscrit et qui ont contribué à l'améliorer pour en faire un manuel d'activités à la fois pratique, pédagogique, et récréatif.

Dépôt légal : janvier 2014
N° d'éditeur : 9213
Imprimé en Espagne par Soler

Cet ouvrage est imprimé sur du papier couché demi-mat 135 g,
papier issu de forêts gérées durablement.